AF762497

www.ingramcontent.com/pod-product-compliance
Lightning Source LLC
LaVergne TN
LVHW010753051026
849532LV00007B/2364
9789369085675

آواز کا درپن

(مجموعہ کلام)

واجد سحری

Aawaaz ka Darpan *(Poetry)*
by: Wajid Sahri
Edition: September '2025
Publisher :
Taemeer Publications LLC (Michigan, USA / Hyderabad, India)

ISBN 978-93-6908-567-5

9 789369 085675

کتاب	:	**آواز کا درپن** (مجموعہ کلام)
مصنف	:	**واجد سحری**
صنف	:	شاعری
ناشر	:	تعمیر پبلی کیشنز (حیدرآباد، انڈیا)
سالِ اشاعت	:	۲۰۲۵ء
صفحات	:	۱۶۴
سرورق ڈیزائن	:	تعمیر ویب ڈیزائن

سمجھے ہیں نہ سمجھیں گے "آداؤں" کو تمہاری
یہ ذہن کے مفلس ہیں یہ تخیل کے بھکاری

(سحر رامپوری)

اپنی غزلوں کا چوتھا مجموعہ "آواز کا درپن"

گہوارۂ رامپور کی ادبی سماجی تہذیبی اور صاف ستھری

شفاف شستہ شگفتہ شخصیت

"مکتبہ الحسنات دہلی" کے مالک و مختار

مخدوم جناب عبدالمالک فہیم" کے نام

واجد سحری

۳۰ جولائی ۲۰۰۵ء

تم مری کوئی غزل مجھ کو سُنا دو جانم
خود کو آواز کے درپن میں دکھا دو جانم

واجدؔ سحری

☆

تقسیم وطن کے بعد غزل کو کئی روپ دئے گئے، لہجے کے کئی انداز دئے گئے۔ یہاں تک کہ سیاسی نظریات کی ترجمانی کے لئے بھی غزل کا سہارا لیا گیا لیکن زندگی کی علامتیں صرف اسی غزل میں موجزن رہیں جو کلام سیکل قدروں اور روایتی شناخت کے حسن سے منسلک رہی۔ ایسی ہی غزل سے وابستہ چند ناموں میں سے ایک نام واجد سحری کا ہے۔

واجد سحری ایک ایسی غزل کے شاعر ہیں جس میں احساسات کی ترجمانی ابہام کی بجائے انتہائی سہل اور روزمرہ کی بات چیت کے انداز میں کی گئی ہے۔

آج جبکہ ہمارے بہت سے شعراء سیدھی سادی بات کو عجیب وغریب لفظوں کے جال میں پھانس کر شعر کو گنجلک بنانا شعری ہنرمندی سمجھتے ہیں ایسے میں واجد سحری کے اشعار کی خالصیت اور کسی بھی قسم کی بناوٹ سے مبرا بے ساختگی سننے اور پڑھنے والے کے ذہن کو متاثر کئے بغیر نہیں رہتی۔ ان کے کلام کی یہ خصوصیت اس شخص کو کچھ زیادہ ہی مزہ دیتی ہے جو اُن کے مزاج اور ان کے اندازِ گفتگو سے واقف ہے۔ واجد سحری چونکہ میرے بچپن کے دوست ہیں اس لئے میں ان کی مزاجی کیفیات اور ان کے لہجے کی بے دریغ سچائیوں کو بخوبی پہچانتا ہوں اس لئے ان کی غزل کے تیور مجھے بہت پسند ہیں۔

واجد کے کلام میں بلاشبہ کہیں کہیں ایسے مضامین بھی ملتے ہیں جو یقیناً استعمال شدہ یا پرانے ہیں لیکن یہ اُن کے لہجے کا بانکپن رہی ہے کہ یہ مضامین بھی ان کے شعروں میں تازہ ہوا کے جھونکے کی طرح اپنے آپ کو محسوس کراتے ہیں۔ میں اپنے خیال کی تائید کے لئے ان کے چند اشعار پیش کر رہا ہوں۔۔

اتنا مرے وجود میں تو جذب ہو گیا
خود کو پکارتا ہوں میں اب تیرے نام سے

☆

وقت اس کو خراب کرتا ہے
آدمی خود برا نہیں ہوتا

☆

جن کو شیشے کا گھر بنا کے دیا
ہم پہ پتھر وہی اٹھانے لگے

☆

کس کی برہنگی کو چھپانے کے واسطے
لہرا رہا ہے دامنِ ویرانہ آج بھی

☆

آئینے میں. کیا رکھا ہے
رنگ برنگے چہرے دیکھو

☆

جنبش مرے لبوں کی کل تک جنھیں گراں تھی
وہ مجھ سے کہہ رہے ہیں اپنی غزل سناؤ

☆

میں سمجھتا ہوں کہ اسی طرح کے بے شمار اشعار کی وجہ سے واجد سحری کو ایک زندہ اور حساس شاعر کے طور پر اپنا مخصوص مقام و مرتبہ حاصل کرنے سے کوئی نہیں روک سکے گا ان کے مزید تابندہ شعری مستقبل کے لئے میں نیک خواہشات پیش کرتا ہوں۔

قیس رام پوری

منفرد لب و لہجے کا شاعر
واجد سحری

واؔجد سحری کی اپنی عمر چاہے جتنی ہو لیکن ان کی شاعری کی عمر ۳۵ یا ۴۰ سال ضرور ہو گئی ہے۔ اگر چہ شاعری کی عمر کی قید کسی فیصلے کی ترازو نہیں ہے مگر یہ تو سوچنا پڑتا ہے کہ شاعری میں کچھ نہ کچھ تو پڑھنے کو ملے گا۔ حالانکہ اکثر جو شاعر پچاس سال سے شعر کہتا ہو کبھی کبھی ایک سال سے شعر کہنے والا شاعر اس سے بہت آگے کا معلوم ہوتا ہے۔ مگر واؔجد سحری کے یہاں ایسا نہیں ہے ان کا تعلق رامپور سے ہے رامپور دلّی اور لکھنؤ کے اُجڑنے سے اب اُردو کا دوسرا اسکول تو بن ہی گیا ہے اور رامپور نے اُردو شاعری میں کیسے کیسے انمول ہیرے دیئے ہیں رامپور کی زبان اپنی زبان ہے جسے دلّی اور لکھنؤ کی زبانوں کا نچوڑ کہہ سکتے ہیں اس دور میں رامپور کے اظہؔر عنایتی اپنی لٹی پٹی تہذیبی اور اخلاقی اقدار کا نوحہ یوں پڑھتے ہیں ۔

راستو کیا ہوئے وہ لوگ جو آتے جاتے
میرے آداب پہ کہتے تھے کہ جیتے رہئے

یہ شعر ہماری معاشرتی زندگی، سماج کی بدلتی ہوئی قدریں، سازشیں اور زبان کو ختم کرنے کی نئی نئی ترکیبوں کا ماتم بھی ہے اسی طرح ان بدلی ہوئی اقدار کا نوحہ قیؔس رامپوری یوں پڑھتے ہیں کہ ۔

بھائی مہمان نوازی کا صِلہ مانگتے ہیں
میں تو سمجھا تھا کہ میں اپنے ہی گھر آیا ہوں

کبھی مہمان ہمارے لئے اللہ کی رحمت تھے اب خون کے رشتوں کے لئے بھی زحمت ہو گئے ہیں یہی انداز واجد سحری کے یہاں جگہ جگہ ملتا ہے۔ اگر چہ واجد سحری پوری طرح اپنی کلاسیکی روایات سے جڑے ہوئے ہیں مگر بہت سے شعراء کا یہ دعویٰ بھی غلط ہے کہ ہم روایتی شاعری نہیں کرتے۔ ہم تو جدید لہجے کے شاعر ہیں۔ میں آج تک یہ نہیں سمجھ پایا کہ روایت سے بغاوت کس طرح ممکن ہے مثلاً شاعر کی محبوبہ (جو پہلے مذکر ہوا کرتی تھی) روایتی اعتبار سے ہی سنگدل، بے وفا، اور وعدہ خلاف ہے اب اگر آج کا شاعر اس مفہوم کو یا اس روایت کو علامتوں کے سہارے کہدے، یا کسی نئی تشبیہ، یا استعارے کے حوالے سے کچھ نئے انداز سے استعمال کرے تو ہم اس لہجے، اُسلوب' یا اظہار کی وجہ سے تو نیا کہہ سکتے ہیں مگر یہ روایت سے بغاوت کہاں ہوئی، اگر روایتی شاعری اتنی ہی بے معنی ہے یا کمزور ہے تو اب تک کوئی ناخدائے سخن میر، غالب، ذوق، مومن، مصحفی اور داغ کیوں نہیں پیدا ہوا آج تک غالب کے اشعار کی تشریح بھی مکمل نہیں ہو سکی آخر کیوں؟ اس لئے کہ غالب کا اُسلوب اور طرز بیان ایسا ہے کہ ان کا شعر ہر شخص کو نئے معنی دیتا ہے۔

واجد سحری نے کہیں کہیں عمداً پٹری بدلنے کی کوشش کی؟ مگر وہ ناکام ہیں ایسے تمام اشعار آورد کے لگتے ہیں جیسے زبردستی کوڑے کھا کے شعر کہنے پر مجبور ہیں لیکن جہاں انہوں نے الہامی کیفیت سے دوچار ہو کر شعر کہے ہیں وہ ہمیشہ زندہ رہیں گے جیسے

عجیب دوغلے پن کی شکار ہے دُنیا
گلاب جیسی ہیں آنکھیں ببول سے چہرے

اب یہ شعر آج کے دور میں کتنا سچا ہے اس کا اندازہ وہی کر سکتا ہے جس نے اس انداز کی زندگی جی ہو۔ اظہار بیان کتنا نیا لگتا ہے۔

ہر جھونکا خوشبوؤں کا اک زخم دے گیا ہے
ہر پھول نے چمن کے کی ایسی سنگ باری

بس ہمارے اکثر شعراء زوائد پر توجہ نہیں دیتے وہ غچّہ کھا جاتے ہیں۔ جیسے پھول کا تعلق چمن سے ہی ہے تو اب جب پھول کہہ دیا تو چمن کہنے کی کیا ضرورت ہے۔ اب اس شعر میں امیری غریبی کا فاصلہ بغیر یہ الفاظ استعمال کئے کس سلیقے سے بنایا ہے ۔

حکم شاہی یہ ہوا ہے کہ محل کی دیوار
سائے میں بیٹھنے والوں پہ گرا دی جائے

اب یہ ظلم یہ جبر اور یہ فرق ہمیشہ سے ہے اور ہمیشہ رہے گا اس مفہوم کو تقریباً ہر شاعر نے باندھا ہے مگر سب کا انداز الگ ہے۔ ایسے بہت سے شعر واجد سحری کے اس مجموعے میں آپ کو مل جائیں گے جو اپنی زمین سے جُڑا ہوا شاعر اپنے ماحول، سیاسی اور سماجی اُلٹ پلٹ کا یہ کھیل دل کی آنکھوں سے دیکھتا ہے۔ سوچتا ہے اور پھر اسے شعری پیکر میں ڈھال کر ہمیں دیدیتا ہے ہمارے لئے یقیناً قابل قبول ہے۔ مجھے یقین ہے کہ واجد سحری کا یہ مجموعہ انہیں ان کے ہمعصروں میں اور زیادہ معتبر اور مستند کرے گا۔

کفیل آزر
دہلی

پیارا شاعر

واجد سحری

میاں واجد سحری اُردو کے اُن معروف شاعروں میں ہیں جنہوں نے اُردو غزل کے گیسو سنوارے ہیں۔اُن کے یہاں ادق الفاظ کا استعمال نہیں ہوتا۔سادگی و پُر کاری۔بہت معنی خیز باتوں کو سادہ زبان میں اِس طرح ادا کرتے ہیں کہ قاری کے دِل میں اُترتی چلی جاتی ہے۔یہی سادگی اِن کو ان کے ہم عصر شعراء میں امتیاز عطا کرتی ہے۔واجد سحری اپنے ماموں سحر رامپوری (مرحوم) سے بے پناہ عقیدت رکھتے ہیں۔سحر صاحب کا بہت سا کلام انہیں ازبر ہے جو ان کے ستھرے شعری ذوق کا مظہر تو ہے ہی ان کی والہانہ عقیدت کو بھی ظاہر کرتا ہے۔سحر رامپوری مرحوم کی نسبت سے ہی یہ اپنے نام کے ساتھ سحری لکھتے ہیں۔واجد ۱۹۶۱ء سے دہلی میں قیام پذیر ہیں۔یہیں ملازمت کرتے ہیں ان کی کئی کتابیں تالیفات وشعری مجموعے شائع ہو کر مقبول خواص وعوام ہو چکے ہیں۔جن پر مختلف موضوعات پر ہندو پاک کے نامور شعرا کے اشعار کا مجموعہ ''روحِ افکار'' غالب کی زمینوں میں ہندو پاک شعرا کی غزلیات کا مجموعہ ''غالب کی رہ گزر'' ہندو پاک کے نامور شعرا کے نعتیہ کلام کا مجموعہ ''شہنشہِ کونین'' جو تقریباً تین سو نعتوں پر مشتمل ہے۔غزلیات کے مجموعے ''سنہری آنچ'' اور ''تصویر حرف'' شائع ہو چکے ہیں اور کئی کتابیں زیرِ ترتیب ہیں۔

''آواز کا درپن'' ان کی غزلوں کا مجموعہ زیورِ طباعت سے آراستہ ہو کر قارئین کے پاس پہنچ رہا ہے۔اس مجموعے میں حسبِ سابق انہوں نے اپنی فکر کے جوہر دکھائے ہیں اور یہ مجموعہ ان کی فکری صلاحیت کے بتدریج ارتقا کی دلیل ہے۔یہاں بھی واجد آسمانِ سخن پر تابندہ نظر آتے ہیں

مجھے اُمید ہے کہ یہ مجموعہ غزلیات ''آواز کا درپن'' قارئین کرام سے داد و تحسین وصول کرے گا جس سے واجد سحری کو مزید بہتر کی جستجو میں آگے بڑھنے کا پورا پورا حوصلہ ملے گا۔

''دعاؤں کا مستحق''

بیکل اُتساہی

بلرامپور

شائستگی ومتانت کا شاعر

واجؔد سحری

واجؔد سحری کا مولد رامپور ہے۔ اُنہوں نے اپنی جسامت کے مطابق شاعری کے میدان میں اپنا مقام بنایا ہے۔ خوشی کی بات یہ ہے کہ ان کی شہرت ومقبولیت ایک جگہ ٹھہری ہوئی نہیں ہے، بتدریج آگے بڑھ رہی ہے اور یہی حال شاعری کے میدان میں ان کی ریاضت کا بھی ہے۔ سحؔر رامپوری کے وہ خواہرزادے ہیں۔ سحؔر نے نامساعد حالات میں بھی شاعری کے میدان میں ایسے جوہر دکھائے، جنہیں نظر انداز کرکے، اُردو شاعری کا تیسرا اسکول، اپنی شاعری کی تاریخ مکمل نہیں کرسکتا۔ واجؔد سحری، سحؔر رامپوری سے اپنی نسبت پر فخر کرتے ہیں۔ اس کا اندازہ اس بات سے لگایا جاسکتا ہے کہ انہوں نے ایک حمد جیسی صنف میں ایک شعر سحؔر اور اپنی نسبت کے بارے میں بھی کہہ دیا۔

نسبت سحؔر کی مجھ کو عطا کی ترا کرم
واجؔد پہ اے کریم بڑا مہرباں ہے تو

واجؔد سحری کے ہر مصرعے سے فکر ونظر کی بلندی عیاں ہے۔ شائستگی ومتانت اور زبان کی پاکیزگی ان کی شاعری کا خاصہ ہیں۔ احساس کے شعلوں میں انکی روح سلگتی ہے۔

اُن کی شاعری میں بعض جگہ فلسفیانہ مضامین بھی ملتے ہیں۔ انسانی حیات کا دارو مدار نفس یا سانسوں کی تعداد پر منحصر ہے نہ کہ ماہ وسال پر، اس مضمون پر اساتذہ نے بھی کہا ہے۔ لیکن واجؔد سحری ایک قدم اور آگے بڑھے ہیں۔ انہوں نے نفس کی تعداد کے ختم ہونے

کے ساتھ روزِ حساب کو بھی لازم قرار دیا ہے۔ اس طرح دیانت اور آخرت کا اسلامی تصور ان کے کلام میں ایک دوسرے کے ہمراہ دکھائی دیتا ہے۔

گن گن کے سانس چاہے لیتی رہے یہ دنیا
آئے گا اک نہ اک دن روزِ حساب پھر بھی

خواتین پر ہونے والے مظالم، جہیز کی لعنت اور سیاسی تبدیلیوں کا اظہار ان کا حساس ذہن اس طرح کرتا ہے۔

ارتھیاں دلہنوں کی اُٹھنے لگیں
لوگ لاشوں کو اب سجانے لگے

....

میں تو خیال میں بھی شاید اُٹھا نہ پاؤں
دنیا کے پتھروں سے یہ زندگی ہے بھاری

موجودہ دور کا المیہ یہ ہے کہ انسان کا عقیدہ مصدرِ حقیقی پر کمزور ہوگیا ہے اور مادّیت کا شکار ہوگیا۔ مادّیت پرستی نے جہیز کی لعنت میں اضافہ کیا۔ ذاتی وسائل پر یقین اور فہم وعقل سے ماوراقوت پر یقین کم ہوگیا۔ قدرتی طور پر سماج میں بے چینی اور بے حسی بڑھی ہے، لیکن واجد سحری کل وجز میں خالقِ کائنات پر یقین رکھتے ہیں اور ان کا عقیدہ پختہ ہے، یہاں تک کہ ان کا مجموعہ کلام ''آواز کا درپن'' اس کی ہی دین ہے۔

جن غریبوں کی ماں نہیں ہوتی
وقت کی گود میں وہ پلتے ہیں

....

کس طرح انہیں سوچوں کس رُخ سے انہیں پرکھوں
رُخ اُن کے بھی دو دو ہیں انساں نہیں سکّے ہیں

واجد سحری کے کلام میں تغزل اور سہل ممتنع کی اچھی مثالیں موجود ہیں۔

کس نے میری شریانوں میں آگ لگائی ہے
دوڑ رہا ہے گرم لہو میں ٹھنڈا ٹھنڈا درد

....

خاک صحرا کی نہیں عقل اُڑایا کرتی
دعوتِ فکر و نظر دشت و جبل دیتے ہیں

....

یہ ریت نہیں بکھرا ہوا پیار ہے میرا
یہ کیسا تکلف ہے اُٹھا کیوں نہیں لیتے

....

شیشے کا وصف سنگ میں کرتے رہے تلاش
آرائشِ بدن کے لئے زخم کھائے ہیں

واجؔد سحری نے نئے موضوعات و مضامین کو قدیم بحروں میں پیش کیا ہے، لیکن اہم موضوعات اور فلسفیانہ مضامین میں بھی انہوں نے زبان آسان و سادہ استعمال کی ہے۔ تعقل سے پاک صاف لہجے میں خیالات کا اظہار کرنا واجد سحری کے کلام کی پہچانوں میں سے ایک اہم پہچان ہے۔ ان کے کلام میں دہلی اور رامپور کی وہ روز مرّہ کی زبان ہے جو دہلی اور رامپور کی شناخت کے طور پر مثالوں میں پیش کی جاسکتی ہے۔ عام فہم اور روز مرّہ کی زبان میں شعر کہنا میرا خیال ہے کہ خود میں ایک کمال ہے۔ اب ضرورت اس بات کی ہے کہ اگر ہم اپنے شعراء کے کلام کو دیوناگری رسم الخط میں تبدیل کر کے پیش کریں تو ہندی سے واقف اور اُردو سے ناواقف حضرات کو نامانوسیت محسوس نہ ہو اور خواص و عوام دونوں لطف لے سکیں۔ واجؔد سحری کی زبان و بیان میں یہ خاصیت موجود ہے۔

ڈاکٹر ظہیر علی صدیقی
رام پور، یوپی

واجدؔ سحری کا تعارف

اُردو کے نامور شاعر واجدؔ سحری کا پورا نام سید عابد حسین رضوی ہے۔ واجدؔ تخلص ہے اور سحری اپنے ماموں حضرت سحرؔ رامپوری کی نسبت سے لکھتے ہیں۔ ان کے بزرگ شہنشاہ ہمایوں کے عہد میں ایران سے ہندوستان شہنشاہ کی مدد کے لئے آئے تھے، لیکن ہمایوں کے کہنے پر ہندوستان ہی میں سکونت اختیار کی۔ واجدؔ کے بزرگ اعلیٰ عہدوں پر فائز رہے۔ انہیں میں سے ایک جد اعلیٰ کو مومن الدولہ کا خطاب بھی ملا۔ ایران کے شاہی خاندان سے تعلق رکھنے والے ان کے بزرگ ہندوستان میں پر وقار طریقے سے رہے۔ ان کے پر دادا سیّد حیدر علی بہادر شاہ کے توپ خانہ کے حاکم اعلیٰ اور شاہ کے اُستاد تھے۔ بعد میں وہ ریاست رامپور کے نواب کلب علی خان کے دربار سے وابستہ رہے اور وہاں ان کو تیر انداز کے لقب سے نوازا گیا۔

واجدؔ سحری کے والد جناب سیّد منظور حسین رضوی کی شادی رامپور میں ہوئی۔ وہیں ملازمت اختیار کی حالانکہ وہ دہلی کے رہنے والے تھے۔ واجدؔ کے تایا جناب سیّد ناصر حسین رضوی محکمۂ حفظانِ صحت دہلی میں اعلیٰ افسر تھے اور ان کے حقیقی پھوپھی زاد بھائی باقر علی رضوی ٹاؤن ہال دہلی میں بحیثیت انجینئر ملازم تھے۔ واجدؔ سحری ۱۹۳۹ء میں رامپور میں پیدا ہوئے۔ ابتدائی تعلیم رامپور میں حاصل کرنے کے بعد ۱۹۶۱ء میں دہلی آ گئے اور یہاں آکر اُردو علی گڑھ یونیورسٹی سے میٹرک اور ادیب ماہر ادیب کامل کے امتحانات پاس کئے۔ ۱۹۶۳ء سے ہمدرد دواخانہ دہلی سے ۲۰۰۱ء تک وابستہ رہے۔ ۱۹۶۵ء میں شاعر کی حیثیت سے منظر عام پر آئے۔ شروع میں حضرت جرارؔ حسین صاحب جرارؔ چھولسی سے شرف تلمذ حاصل کیا، مگر جرارؔ چھولسی کے دورِ حیات میں ہی واجدؔ سحری نے دنیائے شعر و ادب کے مستند صاحب طرز شاعر حضرت مظفر وارثی سے تلمذ کا سلسلہ قائم کیا۔

واجد سحری کے ماموں حضرت سحر رامپوری منفرد لب و لہجے کے شاعر تھے۔ رامپور شہر ہمیشہ سے علم و ادب کا گہوارہ رہا ہے اہلِ ادب نے رامپور کو ''رامپور مدرسہ'' کا نام دیا تھا۔ واجد سحری بھی یہیں پلے بڑھے، ان کا شعر و سخن سے متاثر ہونا عین فطری تھا، چنانچہ شعر و شاعری ان کا شعار بن گیا۔

سب سے پہلے انھوں نے ایک کتاب ''روحِ افکار'' مرتب کی جس میں ہند و پاک کے شعرا کے مختلف موضوعات پر منتخب اشعار پیش کیے۔ اس کتاب کے اب تک کئی ایڈیشن شائع ہو چکے ہیں۔ ان کا اپنا کلام بھی شائع ہوا۔ ان کی غزلیات کا ایک مجموعہ ۱۹۸۴ء میں ''سنہری آنچ'' کے نام سے شائع ہوا جس کا دوسرا ایڈیشن ۱۹۹۳ء میں شائع ہوا۔ ان کی تیسری کتاب ''غالب کی رہ گزر'' ۱۹۹۰ء میں شائع ہوئی جس میں ہند و پاک کے شعرا کی غالب کی مختلف زمینوں میں غزلیات شامل ہیں۔

انھوں نے ایک بزم ''کاروانِ ادب'' کے نام سے دہلی میں قائم کی اس بزم کے زیر اہتمام ایک پندرہ روزہ پرچہ بھی جاری کیا۔ ۱۹۷۱ء میں انہوں نے ایک انجمن ''بزم ساز و ادب'' نام سے قائم کی اور ہمدرد کے مالکان کی خواہش پر اس بزم کی طرف سے ہمدرد ایوارڈ کا سلسلہ جاری کیا۔ دلّی کی کئی انجمنوں سے ان کی وابستگی ہے اور غالب اکیڈمی ان کی تقریبات کا مرکز اور ان کی پہچان بن گیا ہے۔ دلّی کی ایک ادبی انجمن ''مرکز علم و دانش'' نے ۱۹۷۸ء میں ان کی اُردو خدمات کے اعتراف میں مبلغ چھ ہزار روپے نقد انعام اور سندِ توصیف عطا کی۔ ۱۹۹۰ء میں ایک اور ادبی انجمن ''ساہتیہ سنگم'' نے بحیثیت شاعر اور خادم اُردو انھیں ایوارڈ دیا جس میں دس ہزار روپے نقد شال اور سند توصیف شامل تھی۔ مولانا محمد علی جوہر اکیڈمی کی طرف سے واجد سحری کو ''محمد علی جوہر شیلڈ'' پیش کی گئی۔ انھیں حضرت نظام الدین اولیا روحانی مشن کی جانب سے حضرت امیر خسرو ایوارڈ ۱۹۹۸ء برائے صوفیانہ شاعری ۷ار فروری ۱۹۹۸ء کو عطا کیا گیا۔

۱۹۹۷ء بتاریخ ۲۲ر مارچ مرکز علم و دانش دہلی نے ان کی مرتبہ نعتوں کی کتاب ''شہنشہِ کونین'' کے اجراء کے موقع پر ''شہنشہِ کونین ایوارڈ'' شیلڈ، شال اور سند توصیف پیش کی۔

بزمِ احباب انٹر نیشنل رامپور کی جانب سے شاعرانہ اور ادبی سماجی خدمات کے اعتراف میں

۱۹۹۸ء میں بتاریخ ۱۱ر اپریل کو ادبی ایوارڈ، شیلڈ شال اور سند توصیف پیش کی گئی۔

۱۰،۲۰۰۱ر مارچ کو ساکنانِ شہر قایدِ کراچی کے عالمی مشاعرہ میں کراچی گئے۔ ساکنانِ شہر قائد کراچی کے عالمی مشاعرے کے بعد دس گیارہ اور عالمی مشاعرے بھی منعقد ہوئے جن میں واجد سحری شریک ہوئے۔

۲۰۰۱ء میں کراچی یونیورسٹی کے مشاعرہ میں واجد سحری کو یونیورسٹی کی جانب سے ''نشان'' کے نام سے قیمتی شیلڈ پیش کی گئی۔

ان کا دوسرا شعری مجموعہ ۱۹۹۴ء میں ''تصویر حرف'' کے نام سے کراچی میں شائع ہوا، جس میں روایت کا بھرپور احترام موجود ہے، ساتھ ہی خیالات کا شعری اظہار جو جدید لب ولہجہ کے ساتھ بھی موجود ہے جو قاری کو متاثر کرتا ہے۔ واجد کے کلام میں ''تعلی'' علامت کے طور پر جگہ جگہ ملتی ہے۔ غزلیات ہوں یا نعتیہ کلام، تعلی سب جگہ موجود ہے۔ اسے ان کی رنگا رنگ طبع وفکر سے بھی تعبیر کیا جا سکتا ہے۔ علاوہ ازیں ان کا ایک مجموعہ ''عقیدتیں'' کے نام سے زیرِ تکمیل ہے۔ اس مجموعے میں واجد نے منقبتیں نعتیں اور سلام پیش کئے ہیں۔ ان کی مرتبہ کتاب ''بوتراب'' جلد شائع ہوگی۔ اس میں اردو دنیا کے شعراء کا کلام حضرت علیؓ کی مدح میں ترتیب دیا گیا ہے۔ ''بوتراب'' کتاب میں اچھی خاصی تعداد میں غیر مسلم شعرا کا بھی منقبتی کلام پیش کیا گیا ہے۔

اِن کی چھٹی کتاب مجموعۂ غزلیات ۲۰۰۱ء میں ''پیاس کا دریا'' کے نام سے منظر عام پر آئی۔ یہ امر باعث مسرت ہے کہ اب ان کی ساتویں کتاب جو غزلیات پر مشتمل ہے ''آواز کا درپن'' نام کا یہ مجموعہ آپ کے روبرو ہے۔

ڈاکٹر عابد خاں
ایکوپنکچر کلینک
حضرت نظام الدین، نئی دہلی۔ ۱۳

حمد باری تعالیٰ

لوحِ ہستی پہ جو کندہ تری تحریریں ہیں
چشمِ بینا ہو تو تنویریں ہی تنویریں ہیں

میں سمجھ پاؤں نہ جن کو وہی اسرار ترے
جو مری عقل میں آجائیں وہ تفسیریں ہیں

آج تک رازِ مشیت نہ کھلا ہے نہ کھلے
جستجو لاکھ زمانے کی ہے، تدبیریں ہیں

میرا بس اتنا کہ میں نت نئے سپنے دیکھوں
تیرے قبضے میں بھی خوابوں کی تعبیریں ہیں

بحر و بر، دشت و جبل چاند، ستارے خورشید
تیری صناعی کی منھ بولتی تصویریں ہیں

صرف کہنے ہی کو آزاد ہیں مختار ہیں ہم
پاؤں سے لپٹی ہوئی جبر کی زنجیریں ہیں

اپنے واجد کو خرد تو نے عطا کی یہ کرم
تیرے ہی فضل سے حاصل اسے توقیریں ہیں

○

''نعت مُقدّس''

ایک ایک سانس میرے رسالتمآب کی
تفسیر بے مثال ہے اُمّ الکتاب کی

سونے کا تاج و تخت نہیں مجھ کو چاہیے
کافی مرے لیے ہے غلامی جناب کی

سوتے میں، میں نے آپ کا دامن پکڑ لیا
یا ہاتھ آگئی کوئی چادر گلاب کی

میں اُس نبیؐ کے درس کی گہرائیوں میں ہوں
جو سوچتا نہیں تھا کبھی سطحِ آب کی

مختار کُل ہیں شافعِ محشر حضورؐ ہیں
کیا فکر ہم کو روزِ قیامت حساب کی

کردارِ مصطفیٰؐ کے کھلے ہیں جہاں میں پھول
اک پنکھڑی ہمیں بھی عطا ہو گلاب کی

دُنیا کا رنگ و نور ہے سب ایک ذات میں
کیا بات ہے رسولؐ خدا کے شباب کی

ہجرت کی رات آپؐ کے بستر پہ سو گئے
بیداریوں سے نیند بھلی بو تراب کی

اُس ارتقا پسند پہ لاکھوں سلام ہوں
بنیاد جس نے ڈالی بڑے انقلاب کی

جانے کا نام ہی نہیں لیتی ہیں خوشبوئیں
دہلیز چوم لی تھی رسالت مآب کی

کرلے رسولِ پاک کی مدحت جو کر سکے
واجد تری حیات ہے صورت حباب کی

○

یہ خون کے چھینٹے کیوں دامن پہ تمہارے ہیں
کیا عادل و منصف بھی قاتل کو ہی کہتے ہیں

پوشیدہ محبت کی شبنم کے حسیں قطرے
پلکوں کی گھپاؤں سے گرتے ہوئے دیکھے ہیں

خون اپنا پلایا تھا کیا اس لئے گلشن کو
سبزے پہ بھی لالی ہے اور پیڑ بھی سوکھے ہیں

منکوں کی قطاروں میں دیکھا ہے جنہیں اکثر
غیرت کا مگر ہم سے دعویٰ وہی کرتے ہیں

یہ کون سرِ ساحل پڑھتا ہے سَرابوں کو
قدموں کے نشانوں میں پیغام سے لکھے ہیں

جو لوگ پجاری ہیں چڑھتے ہوئے سورج کے
وہ دامنِ غیرت پر اُبھرے ہوئے دھبّے ہیں

معصوم ہتھیلی کو رنگین بناتی ہے
بچے بڑے خوش ہوکر تتلی کو پکڑتے ہیں

رستوں پہ اُداسی ہے دیواریں بھی سونی ہیں
اپنے تو مقدر میں آہٹ ہے نہ سائے ہیں

جن کے لئے راہوں میں بچھ بچھ گئے ہم واجدؔ
ہم کو بڑی چاہت سے وہ روند کے گزرے ہیں

○

○

چین ملا ہے گھر سے نکل کے
کِھل اُٹھا ہوں دھوپ میں جل کے

دشمن و دوست کو کیا پہچانوں
نکلی ہے دنیا روپ بدل کے

حسن تمہارا عکس تمہارا
سارے آئینوں سے جھلکے

تم نے بھیگی زلفیں جھٹکیں
میں یہ سمجھا بادل چھلکے

کھلنے کو تو کھِل جاتے ہیں
کیچڑ میں بھی پھول کنول کے

جگنو بن کر، چمکے آنسو
نین کٹورے جب بھی چھلکے

رہنے کو کٹیا بھی نہیں ہے
سپنے دیکھیں تاج محل کے

خوشبو لے کر جانا ہواؤ!
آج کی شاخ پہ پھول ہیں کل کے

پھولوں میں بھی وقت گزارا
کانٹوں پر بھی دیکھا چل کے

چھوڑو ساری باتیں واجدؔ
شعر سناؤ اور غزل کے

O

○

اُلجھی اُلجھی سی زندگی ہے ابھی
غم کی گتھی جو تھی وہی ہے ابھی

آفتابوں سے ہے بھری دُنیا
ہر طرف پھر بھی تیرگی ہے ابھی

مدتیں گزریں اُس سے بچھڑے ہوئے
گھر میں خوشبو بسی ہوئی ہے ابھی

کون سمجھے مری اَنا کے رُموز
زندہ لوگوں میں بے حسی ہے ابھی

ابھی ہارا نہیں ہوں میں خود سے
دشمنوں سے بھی دوستی ہے ابھی

مِٹ گئے دکھ، یہ مان لوں کیسے
میرے ہونٹوں پہ تو ہنسی ہے ابھی

کوئی طوفان اُٹھنے والا ہے
لبِ دریا پہ خامشی ہے ابھی

اور بھی کچھ مجھے اُجڑنا ہے
میرے رُخ پر شگفتگی ہے ابھی

کر رہی ہے زیادتی دنیا
مجھ میں شاید کوئی کمی ہے ابھی

کس کی آنکھیں چھلک گئیں واجدؔ
بہکی بہکی ہوا چلی ہے ابھی

○

ہر پھول سے حسیں ہے تازہ گلاب پھر بھی
لیکن نہیں تمہارے رُخ کا جواب پھر بھی

گِن گِن کے سانس چاہے لیتی رہے یہ دنیا
آئے گا اک نہ اک دن روزِ حساب پھر بھی

جن تلخیوں کی زد میں حسّاس زندگی ہے
اُن تلخیوں سے اچھی موجِ شراب پھر بھی

ہر چند وہ ہے رسیا میرے مخالفوں کا
کرتا ہوں احتیاطاً اس سے خطاب پھر بھی

بے فکریوں کے پالے، صحرا میں رہنے والے
اچھے، ہیں شہریوں سے خانہ خراب پھر بھی

دکھ ہی جنہوں نے بانٹے بوئے جنہوں نے کانٹے
دامن میں کھِل رہے ہیں ان کے گلاب پھر بھی

زخموں پہ کیسا مرہم، ہم کو دیا ہے ہر غم
مرتے ہیں آپ پر ہم، عالی جناب پھر بھی

اشکوں میں ڈوب کر بھی پیاسی رہی ہیں آنکھیں
پانی میں عمر گزری، پائے سراب پھر بھی

قسمت کے فیصلے کو ہم خوب جانتے ہیں
کٹیا میں دیکھتے ہیں محلوں کے خواب پھر بھی

زخمی، ہیں انگلیاں بھی خوں رو دیا قلم بھی
لکھنی ہے تجربوں کی واجدؔ کتاب پھر بھی

O

○

پھول بن کر مرے آنگن میں کھلو گے کب تک
اپنی خوشبو سے پریشان کرو گے کب تک

ایک دِن لوٹ ہی لیں گے تمہیں دولت کی طرح
تم ہماری تہی دستی سے بچو گے کب تک

میں تصور میں تو ہر وقت تمہیں دیکھتا ہوں
دور اِن جاگتی آنکھوں سے رہو گے کب تک

تم سے بچوں کا کھلونا بھی کوئی بن نہ سکا
باتیں محلوں کے بنانے کی کروگے کب تک

اپنی حالت پہ تمہیں بھی کہیں رونا نہ پڑے
میری بہتی ہوئی آنکھوں پہ ہنسو گے کب تک

منظرِ عام پر اک دن تمہیں آنا ہوگا
دیکھنا ہے کہ پس پردہ رہوگے کب تک

سامنے آئینے کی طرح مجھے رکھ لینا
شب تنہائی کے شعلوں میں جلوگے کب تک

پیار کی روشنیاں دیکھنے کا شوق تو ہے
سائے کی طرح ہر آہٹ سے بچوگے کب تک

دیکھ سکتے نہیں زندہ بھی جو تم کو واجد
ایسے لوگوں کی محبت میں مروگے کب تک

○

○

واہ ری قسمت ہم تو کیا کیا خون پسینہ بوتے ہیں
موسم گل میں کانٹوں تک سے دامن خالی ہوتے ہیں

وقت اگر ملجائے نہ چھوڑیں تن پہ لباسِ کہنہ بھی
اپنوں کا انداز نہ پوچھو کب یہ کسی کے ہوتے ہیں

ہم بیداری کے ماروں سے کتنے اچھے ہیں وہ لوگ
جو پتھر پہ سر رکھ کے کانٹوں پر چین سے سوتے ہیں

لاکھ میں چاہوں تجھ کو بھلا دوں لیکن یہ ناممکن ہے
تیرے طور طریقے چپکے چپکے تیر چبھوتے ہیں

تیری جدائی میں ہم کو آخر یہ کیسا روگ لگا
سوتے سوتے جاگ اُٹھتے ہیں جاگتے جاگتے سوتے ہیں

شور بہارِ نو کا سُن کر خوش تو ہوں لیکن اے دوست
پچھلی بہاروں نے جو دیئے تھے زخم وہ ابتک روتے ہیں

ایک ذرا سی بات پہ روٹھیں ایک نظر میں من جائیں
مخلص لوگوں کے یارو انداز انوکھے ہوتے ہیں

جیون کی پت جھڑ میں کتنا اچھا شغل ملا واجدؔ
سانسوں کی ڈوری میں ہم اشکوں کے پھول پروتے ہیں

O

○

چھلکا، شرابِ حسن نہ آنکھوں کے جام سے
قدرِ شراب پوچھ کسی تشنہ کام سے

کرنوں سے میرا دامنِ جاں ہے بھرا ہوا
اُبھرا ہے کوئی چاند گریبانِ بام سے

وابستہ ہوچکی ہے مری تلخ زندگی
ساقی سے، میکدے سے، صراحی سے، جام سے

اتنا مرے وجود میں تو جذب ہوگیا
خود کو پکارتا ہوں میں اب تیرے نام سے

جب سے کسی کے نین کٹوروں سے ربط ہے
نفرت سی ہوگئی ہمیں صہبا سے، جام سے

ٹوٹا ہوا، بجھا ہوا دل خوش ہو کس طرح
اس جگمگاتی صبح سے رنگین شام سے

وہ لے رہا ہے مجھ سے محبت کا انتقام
میں ہوں کہ پیار کرنے لگا انتقام سے

سنتے رہے حیات کے نغماتِ دل نشیں
کل ہم ملے تھے واجد شیریں کلام سے

○

○

اخبار میں اُس نے مرے اشعار کو دیکھا
یا آئینۂ حرف میں کردار کو دیکھا

اس سال کا ساون تھا کہ اعلانِ تباہی
تنکے تھے کہ بہتے ہوئے گھر بار کو دیکھا

نظریں مری لپٹی رہیں قدموں سے وہاں تک
آنکھوں نے جہاں تک تری رفتار کو دیکھا

غیرت کا ہر اک شخص سے کرتا ہے جو دعویٰ
منگتوں کی صفوں میں اُسی خوددار کو دیکھا

محفل میں چہکتی ہوئی کلیاں نظر آئیں
جُنبش میں جو اُن کے لب وگفتار کو دیکھا

پھولوں کی طرف اُس نے نگاہیں بھی نہ ڈالیں
جس نے تری رنگینیٔ رُخسار کو دیکھا

اُس وقت تو خود ٹوٹ کے بکھرا ہوں میں واجدؔ
جب گھر کے شکستہ در و دیوار کو دیکھا

○

O

فن کار وہ ایسا ہے اس کے ہیں بہت چہرے
جب بات بنے، اپنی فطرت وہ اگر بدلے

دیکھا بھی اُنہیں میں نے سمجھا بھی اُنہیں میں نے
جن لوگوں نے دُنیا کو دیکھا ہے قرینے سے

کتنا وہ ستمگر ہے انساں نہیں پتھر ہے
اندازِ وفا اُس کا مجھ کو بھی نہ پتھر ادے

خوشبو کی طرح میں بھی پھرتا ہوں زمانے میں
جب سے ترے دامن کو چھو آئے مرے جھونکے

تعظیم حوادث میں خاموش ہوں میں ورنہ
ٹھہرا ہوا طوفاں ہوں کوئی نہ مجھے چھیڑے

یہ ترکِ تعلق تو ہے فیصلہ غیرت کا
دور اور ہوا ہم سے ہم جب بھی ملے اُس سے

سینے میں ہمارے بھی گلزاروں کی ٹھنڈک ہے
گزرے ہیں ہمیشہ ہم تپتے ہوئے صحرا سے

اپنوں کی نوازش بھی واجدؔ مجھے لے ڈوبی
دِشمن بھی ہنسے مجھ پر شرماؤں میں دشمن سے

O

○

مخلص ہے، ستمگر ہے، قاتل ہے، کہ پیارا ہے
کچھ بھی ہو لقب اُس کا وہ شخص ہمارا ہے

خنجر مرے سینے میں جس شخص نے مارا ہے
بازی وہ محبت کی جیتا نہیں ہارا ہے

جو میری تواضع کو خنجر لئے پھرتا تھا
احسان کے پھولوں سے میں نے اُسے مارا ہے

غیرت کو کبھی اپنی زہر آب نہیں دیتے
لہجے میں خوشامد کے کب کس کو پکارا ہے

ہم جیسے فقیروں کو کچھ فرق نہیں پڑتا
صحرا بھی گلستاں ہے طوفاں بھی کنارا ہے

دھرتی کو لپیٹے جو سوتے ہیں بڑے بوڑھے
اُس دھرتی کو ہم چھوڑیں کب دل کو گوارا ہے

یہ غم بھی انوکھا ہے گزرا ہے وہ کترا کر
جو دل کا اُجالا ہے جو آنکھ کا تارا ہے

کیوں دل مرا لگتا ہے باتوں میں بزرگوں کی
کیا خاک وہ سمجھے گا جو عقل کا مارا ہے

طوفان کی لہروں میں منزل ہے مری واجدؔ
کب میری طبیعت کا مقصود کنارا ہے

○

○

یہاں ہم آج ساقی جام چھلکانے نہیں آئے
یہ دیکھیں گے کہ کس کے پاس پیمانے نہیں آئے

ہماری وحشتوں کا پڑ گیا کیا اُن پہ بھی سایہ
کئی دن سے جو ہم کو لوگ سمجھانے نہیں آئے

ہمارے خیر مقدم کے لئے آئے ہیں ساحل پر
ہماری ناؤ سے طوفان ٹکرانے نہیں آئے

خرد والوں نے دیوانوں سے سیکھا حرفِ حق کہنا
کبھی اہل جنوں کے کام فرزانے نہیں آئے

نہ جب تک انجمن میں کوئی جانِ انجمن آیا
رہی روشن اکیلی شمع پروانے نہیں آئے

تصور میں بھی آنے کی انہیں فرصت نہیں ہوگی
تڑپتے دل کو وہ کچھ اور تڑپانے نہیں آئے

نہ آیا وہ جسے آنا تھا، ورنہ راہ میں اپنی
صنم خانے نہیں آئے کہ میخانے نہیں آئے

جنوں کی افتتاحی رسم ادھوری رہ گئی واجدؔ
وہ اپنے ہاتھ سے زنجیر پہنانے نہیں آئے

O

○

جام اوروں کے لیے میں نے جو ساقی سے لیا
میرے آئینۂ احساس پہ پتھر سا لگا

اپنا خوں آج نہ ساقی کو اگر پیش کیا
کل کوئی قطرۂ مئے ہاتھ نہیں آئے گا

ایک دریا ہے ہزاروں ہیں نہانے والے
خشک دامن کوئی رہ جائے تو حیرانی کیا

اُن کی فطرت پہ تعجب بھی ہے افسوس بھی ہے
جس کی تعریف کریں اُس کو ہی کہتے ہیں بُرا

آؤ روشن کریں ہم اپنے لہو کی شمعیں
خیر مقدم کو خود آئے گا ہوا کا جھونکا

کھیل قدرت کے عجب ہوتے ہیں واجدؔ سحری
اُٹھے صحرا سے، سمندر پہ برس جائے گھٹا

○

○

غموں کے نام پہ دل شاد کام ہے لوگو
جو غم نہ ہو تو خوشی بھی حرام ہے لوگو

میں اس کی زلف کے سائے میں بھی پریشاں ہوں
اُداس کیوں مرے جیون کی شام ہے لوگو

لبوں پہ آہ، تڑپ دل میں، آنکھ میں آنسو
یہ زندگی ہے تو اپنا سلام ہے لوگو

جو پی چکے ہیں اُنہیں پر برس رہی ہے شراب
جو تشنہ کام تھا وہ تشنہ کام ہے لوگو

سروں کے دیپ جلیں گے تو روشنی ہوگی
سیاہ، بخت ہیں، تاریک شام ہے لوگو

فریب مصلحت وقت میں نہ آجانا
کہ یہ بھی خویش پرستی کا نام ہے لوگو

نمازِ عشق میں مصروف ہیں مری آنکھیں
ان آنسوؤں کا ، تبسم، امام ہے لوگو

غمِ حیات میں کچھ اتنا غرق ہے واجدؔ
خبر نہیں، یہ سحر ہے کہ شام ہے لوگو

O

○

دکھا تھا دل مرا اور اشکبار ہیں آنکھیں
بڑی رفیق بڑی غمگسار ہیں آنکھیں

یہ کیا تماشہ ہے ہر ربط جس نے توڑ لیا
اُسی کے دیکھنے کو بیقرار ہیں آنکھیں

شراب بھی ہو تمہی اور تمہی شرابی بھی
شباب میکدہ ہے بادہ خوار ہیں آنکھیں

بہک گئی ہے تمنا، لرز رہی ہے نظر
قصور دل کا تھا، اور شرمسار ہیں آنکھیں

ہر ایک عضوِ بدن یوں تو قیمتی ہے مگر
عجیب نعمت پروردگار ہیں آنکھیں

جو رنگ دل سے گرے، رخ پہ پھیل جاتا ہے
حواس خمسہ کا اک اشتہار ہیں آنکھیں

کسی کی آنکھوں میں دیکھے تھے اشک وقتِ وداع
اُسی نظارے کا اب تک حصار ہیں آنکھیں

مری نگاہ پہ کیوں آئینوں کو ناز نہ ہو
تمہاری راہ گزر کا غبار ہیں آنکھیں

جھڑی لگی ہے یہ اشکوں کی واجد سحری
غمِ فراق میں یا تار تار ہیں آنکھیں

○

O

جب ذکرِ ترکِ دوستی آیا ہے دوستو
کچھ دشمنوں کو دوست بھی پایا ہے دوستو

لہرا رہا ہے شانہ ٔ جذبات پر مرے
یہ ابر ہے کہ زلف کا سایا ہے دوستو

کوئی چراغ ہوں نہ کسی دل کی آگ ہوں
پھر کیا سمجھ کے مجھ کو جلایا ہے دوستو

ناتا کسی سے اپنا نہیں توڑتا کبھی
خوش ہو کے غم کا شہر بسایا ہے دوستو

دیکھا جو آج آئینے کو میں نے غور سے
اُس کو بھی اپنے جیسا ہی پایا ہے دوستو

تم نے خود آپ زندگیاں اپنی پھونک لیں
الزام بجلیوں پہ لگایا ہے دوستو

جن کی وفا پہ ناز کیا میں نے عمر بھر
دھوکا مسلسل اُن سے ہی کھایا ہے دوستو

میں کیسے مان لوں کہ زمانہ بدل گیا
پہلے جو تھا وہ اب بھی پرایا ہے دوستو

کہنا پڑے گا اب تمہیں واجد کو صاف دِل
شکوہ اگر زبان پہ لایا ہے دوستو

○

○

اس طرح تم مجھے آزمانا
یاد رکھے مجھے اک زمانا

ہاں نہیں دوستی کا زمانا
لطف دیتا تو ہے زخم کھانا

کتنے سانچوں میں ڈھلتا ہے انساں
زندگی بھی ہے اک کارخانا

تیرانداز سارے جہاں کے
مجھ کو سمجھے ہوئے ہیں نشانا

آتو جائے مری اُنگلیوں میں
ہو گا دشوار دامن چھڑانا

چند رندوں کی بدمستیوں نے
کردیا تلخ لطفِ شبانا

خار کی نوک پر بھی ہے لازم
پھول کے واسطے مسکرانا

ہر وجود اک عدم کا مسافر
ہر حقیقت میں پنہاں فسانا

بجلیوں کو بسانے کی خاطر
میں بناتا رہوں آشیانا

دشمنوں سے نمٹنے کا واجدؔ
دوستی، خوبصورت بہانا

○

○

دِل محبت ہے، نظر حُسن بُتاں سے لاؤں
شوخیاں داغؔ کے اندازِ بیاں سے لاؤں

پھول ہی پھول گلستاں میں کھلے ہیں لیکن
ماں، کی آغوش کی مہکار کہاں سے لاؤں

توڑ سکتی ہے اندھیروں کا تکبّر اک دن
اک کرن بھی یہ میں کس کا ہکشاں سے لاؤں

گیسوئے یار کے سائے میں جو دیکھا تھا کبھی
اُس حسیں خواب کی تعبیر کہاں سے لاؤں

منفیوں میں رہے اکثر مجھے مثبت کی تلاش
اختیاراتِ یقیں، وہم و گماں سے لاؤں

میں تو واجدؔ سحری ہوں کوئی فرہاد نہیں
نہر جو کوئی کسی کوہِ گراں سے لاؤں

○

○

جنوں کی رمز کیا سمجھیں خرد کا راز کیا جانیں
جو خود ناآشنا ہیں عشق کے انداز کیا جانیں

محبت مانگنے سے قدر انساں کی نہیں گھٹتی
جو محرومِ طلب ہیں وہ طلب کے راز کیا جانیں

بلندی پر قدم رکھنا جگر داروں کا شیوہ ہے
اُڑے رہتے ہوں جن کے رنگ وہ پرواز کیا جانیں

خموشی کی زباں ظاہر پرستوں کو نہیں آتی
مچاتے ہیں جو غل وہ نغمۂ بے ساز کیا جانیں

محبت کو چلا، کچھ تربیت گاہوں سے ملتی ہے
ادب جو کر نہیں سکتے نیاز و ناز کیا جانیں

کیا کرتے ہیں جو آنکھوں میں آنکھیں ڈال کر باتیں
جنہیں فرصت نہیں حیرت سے وہ اعجاز کیا جانیں

مری آہیں مرے نالے جو واجدؔ سُن نہیں سکتے
مرے دل کے دھڑکنے کی بھلا آواز کیا جانیں

○

○

رُخ کو ترے سمجھا تازہ کنول ہم نے
جب بھی تجھے سوچا کہدی غزل ہم نے

ٹھہرا ہوا پایا آنکھ میں اک آنسو
وقت کے ریلے میں دیکھا ہے پل ہم نے

ہاتھ کو تھا ہم سے شکوہ لکیروں کا
تیری جبیں پر بھی دیکھے ہیں بل ہم نے

ہنستا ہے کیوں پگلے اُجڑے ہوئے گھر پر
بکھرے ہوئے دیکھے شیش محل ہم نے

سنگ زنی ہم نے کرنی تھی دُنیا پر
جسم مگر اپنا کر لیا شل ہم نے

اپنی حمیّت کا ہو گیا اندازہ
جب نہ کہیں پایا اپنا بدل ہم نے

سنتے ہیں جو واجدؔ اپنی شرائط پر
جا کے سنائی کب اُن کو غزل ہم نے

○

○

گو شیخ کی طرح ہمیں اقرار بھی نہیں
غالبؔ قسم، شراب سے انکار بھی نہیں

کم ہوگئی ہیں کیا گلِ رعنا کی نکہتیں
اب شوخ تتلیوں میں وہ مہکار بھی نہیں

لو جائزہ جو غور سے پھر ہوگا انکشاف
شیخِ حرم سا کوئی سیاہ کار بھی نہیں

کیوں اب وہ جامِ آہنِ مئے لے کے آئے ہیں
جامِ سفال کیا سرِ بازار بھی نہیں

کیا ہوگئیں وہ محفل جاناں کی عظمتیں
اب تو جمالِ کوچہ و بازار بھی نہیں

واجدؔ ہر ایک شخص سخن فہم ہوگیا
غالبؔ کا آج کوئی طرفدار بھی نہیں

○

○

انقلاب لانا ہے بے حسوں کی بستی میں
بانٹ دونگا آئینے پتھروں کی بستی میں

پیاس جس کو لگتی ہے بے حساب پیتا ہے
خون کتنا سستا ہے قاتلوں کی بستی میں

میں دیئے محبت کے ہر قدم جلاتا ہوں
پھر بھی گھپ اندھیرا ہے نفرتوں کی بستی میں

بے شعور، بے بہرہ، بے سلیقہ، بے مایہ
گھر بنائے بیٹھے ہیں شہرتوں کی بستی میں

بھیڑ ہے کٹہروں میں بے گناہ لوگوں کی
داڑھیوں میں تنکے ہیں قاضیوں کی بستی میں

شل ہوئی ہے گویائی، راج ہے سماعت کا
ہر طرف ہے سَرگوشی غیبتوں کی بستی میں

مانگ مانگ کر سانسیں جانے کیسے زندہ ہوں
میں بھی کب سے رہتا ہوں غاصبوں کی بستی میں

روشنی تو کیا ہوتی دل بھی بجھ گیا میرا
میں چراغ لایا تھا آندھیوں کی بستی میں

حاضرینِ محفل بھی جیسے غیر حاضر تھے
ہم غزل سُنا بیٹھے جاہلوں کی بستی میں

○

○

بچے بھی حساس ہیں کتنے
ہم نے دیئے تو، لے لئے پیسے

تن کے اُجلے من کے میلے
تیری طرح ہیں دوست ہمارے

پھیل گیا وہ خوشبو بن کر
دیکھوں اُس ظالم کو کیسے

اور ہمیں بے حال کیا ہے
حال ہمارا پوچھنے والے

ہو چکی بارش، گھر مرا لیکن
برسے گا اب بادل جیسے

میرے ساتھ ہے یاد تمہاری
جیسے شعلہ ساتھ ہوا کے

روٹھ گئی ہے ممتا لیکن
''ماں'' کی دُعائیں ساتھ ہیں میرے

قابض ہیں ساری دُنیا پر
عقل کے اندھے گانٹھ کے پورے

بھول نہیں سکتے ہم اُن کو
وہ بھی ہم کو یاد کریں گے

دھوکا کھاتے رہنا واجد
تم پہ ہزاروں بھید کُھلیں گے

O

○

کس کی راہ میں چلے
کبھی گرے کبھی اُٹھے

ہمیں اُداس دیکھ کر
لگائیں لوگ قہقہے

ہر ایک زخم کھل گیا
وہ اتنی زور سے ہنسے

ہماری زندگی کے دُکھ
ہیں دوستوں کے مشغلے

وہ لگ رہے ہیں اجنبی
سفر میں ساتھ جو رہے

اُجڑ نہ جائے میکدہ
میں جا رہا ہوں بے پئے

بدل رہی ہے کروٹیں
حیات سوتے جاگتے

کسی طرف تو جائیں ہم
کوئی تو راستہ ملے

مچی ہوئی ہے کھلبلی
سُنا ہے واجدؔ آئیں گے

○

○

چمکے چمن سارا، جانِ چمن ہم سے
ٹوٹے جو دل اپنا، چھوٹے کرن ہم سے

خون کے ہاتھوں میں خاک کا پرچم ہے
پھر بھی شکایت ہے، اہل چمن ہم سے

آگئی جاں لب پر، جام نہیں مانگا
دیکھے ہیں کیا ساقی ، تشنہ دہن ہم سے

رونق دنیا کو زندہ بھی ہم رکھیں
لمحہ ٔ مردہ بھی، مانگے کفن ہم سے

ترکِ تعلق پر رہتے نہیں قائم
کرتے ہیں شکوہ بھی، عہد شکن ہم سے

شوق سے تو ہم کو لوٹ لے اے دنیا
چھین نہیں سکتی، پیار کا فن ہم سے

عیش وطرب ہم کو پا کے بہت روئے
خوش تھے گلے مل کر رنج ومحن ہم سے

کوئی نئی خواہش کی بھی نہیں واجدؔ
پھر بھی ہے برگشتہ چرخِ کہن ہم سے

○

O

شیشے میں نظاروں میں نظروں میں بناوٹ ہے
چیزوں میں بناوٹ ہے لوگوں میں بناوٹ ہے

اپنوں سے بھی اب باتیں دل کی نہیں کرسکتا
خاموشی میں باتوں میں لہجوں میں بناوٹ ہے

مسجد میں بھی کرتے ہیں اب لوگ اداکاری
پیشانی ہے مصنوعی سجدوں میں بناوٹ ہے

سوچوں تو خیالوں سے ہیں اصلیتیں عاری
لکھتا ہوں تو لگتا ہے لفظوں میں بناوٹ ہے

بدلا ہوا لگتا ہے کچھ ذوقِ سماعت بھی
کچھ سازوں میں گیتوں میں نغموں میں بناوٹ ہے

گلدانوں میں سجتے ہیں اب پھول بھی کاغذ کے
خوشبوئیں بھی نقلی ہیں رنگوں میں بناوٹ ہے

ہر زاویہ خواہش کا محتاج نمائش کا
جھوٹوں کا تو کیا کہنا سچوں میں بناوٹ ہے

ہر وقت نہ کیوں واجدؔ حیرت رہے آنکھوں میں
آئینے تو سادہ ہیں چہروں میں بناوٹ ہے

○

○

گفتگو کی نئی ترکیب نکالی جائے
جو بتانی ہے وہی بات چھپالی جائے

خود کو گم کر کے کوئی راستہ مل سکتا ہے
دِل چرانے کے لئے آنکھ چرالی جائے

پر تو رُخ تو ٹھہرنے نہیں دیتا نظریں
اُس کی تصویر سے تصویر بنالی جائے

خوشبوئیں چبھتی ہیں احساس میں کانٹے کی طرح
کیوں نہ پھولوں کی بھی تحقیق کرالی جائے

اس میں توہین گداگر کی نہیں تیری ہے
تیرے در سے جو کوئی لوٹ کے خالی جائے

ایک ٹہنی پہ مرا پیار ہے کھلنے والا
ڈر رہا ہوں وہ کہیں توڑ نہ ڈالی جائے

بزمِ آواز میں لے کر تو چلے ہو مجھ کو
میری دستارِ خموشی نہ اُچھالی جائے

دوست ہی دوست کے غم خوار ہوا کرتے ہیں
بات تو جب ہے کہ دشمن سے دُعا لی جائے

شہرِ یخ بستہ میں کس کس سے حرارت مانگیں
اپنے اندر ہی نہ کیوں آگ لگالی جائے

ربط دونوں میں یقیناً کوئی ہوگا واجدؔ
اُن لبوں سے مری آنکھوں سے نہ لالی جائے

○

○

بھرا ہے کانٹوں سے قلب ملول کا دامن
ہے چاک جرمِ تبسم میں پھول کا دامن

اُڑانا چاہیں زمانے نے دھجیاں میری
نہ چھوڑا ہاتھ سے میں نے اصول کا دامن

اسی طرح مری سانسیں لئے پھریں مجھ کو
ہوا کے ہاتھ میں جیسے ہو پھول کا دامن

یہ کون شاخ پہ سر رکھ کے رات بھر رویا
کہ بھیگا بھیگا ہے ہر ایک پھول کا دامن

چھوا ہے جب بھی لہو اُنگلیوں سے ٹپکا ہے
قبائے جاں ہے مری، یا ببول کا دامن

جو خون ہم نے دیا تھا وہ رنگ لایا ہے
بہت ہی دلکش و رنگیں ہے پھول کا دامن

نہیں ہے خلعت شاہی کی آرزو واجدؔ
مری متاعِ طلب ہے رسولؐ کا دامن

○

○

زنجیر بنی، برق بنی، خار بنے ہیں
کیا کیا نہ ہمارے لئے کردار بنے ہیں

منہ پھیر کے ہنستی نہ ہو قسمت کہیں ہم پر
جو دُشمن جاں تھے وہی غم خوار بنے ہیں

موسم کی طرح اُن کو بدلتے ہوئے دیکھا
جو یار بنے ہیں کبھی اغیار بنے ہیں

جو لوگ کبھی ذات سے باہر نہیں نکلے
وہ سارے زمانے کے طرفدار بنے ہیں

اے خاکِ چمن خون تجھے ہم نے دیا تھا
یہ کون ہیں خوشبو کے جو حقدار بنے ہیں

جب بیچ دیا ہے ہمیں مجبوری دِل نے
ہم آپ کے اُس وقت خریدار بنے ہیں

ہر گام پہ کانٹوں کی چبھن پوچھ رہی ہے
کیوں آپ گلستاں کے پرستار بنے ہیں

بھر دیتے ہیں پیمانے جو رندوں کے لہو سے
مے خانے کے وہ مالک و مختار بنے ہیں

بسمل کی تڑپ رقص بنی جن کی نظر میں
ناواقف درد ایسے وفادار بنے ہیں

لوٹا ہے کئی بار جنہوں نے ہمیں واجد
حیرت ہے وہی قافلہ سالار بنے ہیں

○

○

جھونکا بھی ہواؤں کا کچھ روشنی جیسا ہے
آئی ہے گھٹا گھر کر یا زُلف کا سایا ہے

ہمسایوں سے پھولوں کے کچھ بھی نہیں کہنا ہے
رنگوں نے ہمیں لوٹا خوشبو نے رُلایا ہے

دیکھے جو وہ اب آ کر ہو جائے فدا مجھ پر
مرجھائی سی آنکھوں میں کھلتا ہوا چہرا ہے

دیکھو تو میں دھرتی پر چلتا ہوں بہت جھک کر
سوچو تو مرا قد بھی کہسار سے اونچا ہے

نیندوں کے مکاں میں ہے جس دن سے ترا چہرہ
کھلتی ہیں یہ آنکھیں جب پھر خوف سا لگتا ہے

دامن میں گلابوں کے ہیں پنکھ بھی تتلی کے
اُڑتے ہوئے رنگوں کا خوشبو میں بسیرا ہے

پانی میں کنول جیسی تھی زیست مری لیکن
شعلوں بھری چادر ہے کانٹوں کا بچھونا ہے

احساس کی دولت کو سونپوں میں کسے واجدؔ
اس دور کا سینا تو چٹان کا سینا ہے

○

○

غم اتنا وہ نس نس میں سمونے کے لئے دے
مہلت بھی نہ جی کھول کے رونے کے لئے دے

ان تیرتی لاشوں کو کفن کوئی نہ دے گا
اے بحر کوئی موج ڈبونے کے لئے دے

دریائے محبت کے چمکتے ہوئے موتی
ہر رات ہی پلکوں میں پرونے کے لئے دے

کچھ اور بھی تڑپائے مجھے اس کی تسلی
وہ حوصلہ بے تاب نہ ہونے کے لیے دے

پھولوں کی طرح چاہے اگر تو بھی مہکنا
کچھ اپنا لہو خاک میں بونے کے لئے دے

پڑھ لیتے ہیں بچے مرے گھر کے، مرا چہرہ
کوئی نہ کہے پیسے کھلونے کے لئے دے

بیدار ہو، قسمت مری اک پل بھی اگر وہ
زُلفوں کے گھنے سائے میں سونے کے لئے دے

کانٹوں پہ بھی اب چین سے نیند آنے لگی ہے
اب جلتی ہوئی آگ بچھونے کے لئے دے

بہکا ہے نہ بہکے گا نشے میں ترا واجدؔ
رنگینیاں تو لاکھ ڈبونے کے لئے دے

○

○

جو چھیڑ کی زد میں بھی پتھر سے ڈراتا ہے
دیوانہ سہی پھر بھی محتاط وہ کتنا ہے

بے چین پرندے ہوں یا پھول جھلس جائیں
اُن کو تو، چراغوں سے پیڑوں کو سجانا ہے

دامانِ دریدہ بھی تصویر ہے اندر کی
شیشے میں پس دل کا منظر نظر آتا ہے

وہ پھول کی پتی ہو یا پنکھ ہو تتلی کا
تیرے لب رنگیں سے نسبت ہی انہیں کیا ہے

جھونکوں میں ہوا کے بھی سنتا ہوں صدا تیری
تاریک فضا میں بھی روشن ترا چہرا ہے

آئینہ ہوں میں ایسا ہے عکس جہاں جس میں
آنکھیں وہی پڑھتی ہیں چہروں پہ جو لکھا ہے

اک دن تو کھلے گا یہ دروازۂ دل تیرا
دیکھوں گا بھلا کب تک احساس بھٹکتا ہے

مڑ کر بھی نہیں دیکھا جھونکے کی طرح اُس نے
وہ میرے برابر سے واجد ابھی گزرا ہے

○

○

طلب کو اپنی قرینِ قیاس دیکھا ہے
اُنہیں اُداس بہت ہی اُداس دیکھا ہے

بدن پہ اُس کے "حیا" ناچتی ہوئی نکلی
لباس میں بھی اُسے بے لباس دیکھا ہے

عجیب بات ہے اُلجھے جو اپنے ذہن سے ہم
تمہارے گیسوؤں کو بدحواس دیکھا ہے

دِکھائی ہی نہیں دیتا ہے کچھ تمہارے سوا
اکیلے میں بھی تمہیں اپنے پاس دیکھا ہے

بُری گھڑی میں کوئی بھی نہ اپنے کام آیا
ہر ایک دوست کو موقع شناس دیکھا ہے

پڑھا کسی نے نہ تفصیل سے ہمیں واجدؔ
ہر آدمی نے فقط اقتباس دیکھا ہے

○

اے اہل جہاں جذبۂ نفرت سے ملا کیا
بربادیٔ احساس محبت سے ملا کیا

اقرارِ محبت جو نہ کرنا تھا نہ کرتے
اس ترکِ تعلق کی شرارت سے ملا کیا

ہر شخص تماشائی ہے اپنا نہیں کوئی
شہرت تو بہت پائی پہ شہرت سے ملا کیا

طوفان سے کشتی تو بچا لایا ہوں لیکن
ساحل پہ پہنچنے کی مسرت سے ملا کیا

ہر آئینے پہ دُھند سی اک چھائی ہوئی ہے
احباب کو آپس کی کدورت سے ملا کیا

اس سے کہیں اچھی تو غریب الوطنی تھی
آرام وطن میں کسی صورت سے ملا کیا؟

مشکل میں بھی جینے کا ہُنر آگیا ہم کو
اور اپنے اَقارب کی رفاقت سے ملا کیا

دیکھو تو ذرا ساتھ زمانے کے بھی چل کے
واجدؔ تمہیں خودداری و غیرت سے ملا کیا

O

○

گل بہت شوخ ہیں تعلیم حیا دی جائے
لاج ونتی کی ادا ان کو سکھادی جائے

شرم کلیوں کو تو پھولوں کو حیا دی جائے
اُس کی تصویر گلستاں میں سجا دی جائے

کتنی فیاض ہے منصف ہے عدالت اُس کی
جرم کوئی بھی کرے مجھ کو سزا دی جائے

بن نہ جائے کسی ظالم کا نشانہ چڑیا
آ کے بیٹھی ہے ابھی شاخ ہلا دی جائے

حکم شاہی یہ ہوا ہے کہ محل کی دیوار
سائے میں بیٹھنے والوں پہ گرا دی جائے

میری قسمت کوئی بچوں کا کھلونا تو نہیں
کیسے بازیچہ مرے دوست بنا دی جائے

ورقِ ذہن پہ رودادِ وفا لکھی ہے
لفظ ابھرے نہ کوئی تم کو سنا دی جائے

دیکھنی چاہتے ہیں آپ سنہری لپٹیں
گھر مرا ہے تو ابھی آگ لگا دی جائے

گھر کی بنیادوں میں شامل ہے لہو واجد کا
اینٹ بھی اس کی کوئی کیسے ہلا دی جائے

O

○

دار پر کھینچ دو نیزے پہ اُچھالو مجھ کو
کوئی اعزاز تو دو چاہنے والو مجھ کو

جھوٹ جو بولے نہیں میں وہی آئینہ ہوں
صرف چہرہ ہی نہیں ہوں کہ چھپالو مجھ کو

قید ہوں اپنی ہی کھینچی ہوئی دیواروں میں
بازوو اپنے ہی قبضے سے چھڑا لو مجھ کو

وہ نگینہ ہوں کوئی جوہری جس کو نہ ملا
گم نہ ہو جاؤں انگوٹھی میں لگا لو مجھ کو

ٹمٹماتے ہیں ابھی مسجد و مندر کے چراغ
اس سے پہلے کہ یہ بجھ جائیں جلا لو مجھ کو

دھوپ اُڑا لیتی ہے رنگت کو ہوا نکہت کو
کہیں ایسا نہ ہو جوڑے میں سجا لو مجھ کو

مجھ کو ڈسنا نہ سکھا دے کہیں میرا ماحول
زہر آلود فضاؤں سے نکالو مجھ کو

حوصلے کو مرے پہنچے گی اذیت واجدؔ
کیوں کسی سے کہوں طوفاں سے بچا لو مجھ کو

○

○

بولئے کچھ تو بولئے صاحب
راز ہیں لب، تو کھولئے صاحب

دستکیں دے رہی ہے کب سے نظر
دل کا دروازہ کھولئے صاحب

کہہ رہا ہے یہ وقت کا سورج
جاگئے! خوب سو لئے صاحب

مُسکرا کر ہی وار کر دیجے
زہر ہی رس میں گھولئے صاحب

پھینک دیجے زبان مانگے کی
اپنے لہجے میں بولئے صاحب

قہقہے لگنے دیجے ہونٹوں کے
جتنا رونا تھا رولئے صاحب

ان میں کچھ خوف ناک چہرے ہیں
یہ کتابیں نہ کھولئے صاحب

اپنے حسن و جمال کے ہیرے
میری آنکھوں سے تولئے صاحب

روپ میں راہبر کے راہ زن ہے
کس کے ہمراہ ہولئے صاحب

گشتِ جاں کے لئے جو کچھ نہ ملا
خار واجد نے بولئے صاحب

O

○

ڈور سانس کی ہے تو
میری زندگی ہے تو

حسن میرے اندر کا
میری شاعری ہے تو

فکر جس کا ساتھی ہے
ہو بہو وہی ہے تو

رنگ میرے چہرے کا
دل کی روشنی ہے تو

میں بھی کچھ خلیلی ہوں
اور کچھ آذری ہے تو

قہقہوں سے جو پھوٹے
ایسا درد بھی ہے تو

آنسوؤں کے بربط کا
راگ راگنی ہے تو

ہم ہی خشک موسم ہیں
فصل تازگی ہے تو

آسماں شب واجدؔ
اور چاندنی ہے تو

○

○

ہر چہرہ ہے خورشید و قمر تیرے نگر میں
تجھ سا نہ ملا کوئی مگر تیرے نگر میں

رنگین کہاں اتنی مرے شہر کی گلیاں
ہیں جتنے حسیں شام و سحر تیرے نگر میں

آہٹ تری آتی ہے خیالوں سے بھی تیرے
بستے ہیں کئی اور نگر تیرے نگر میں

کیسے نہ مری بے وطنی خاک اُڑائے
گھر سب کے ہیں میرا نہیں گھر تیرے نگر میں

یہ ردِّ عمل تو نہیں تاریک دلوں کا
روشن ہے ہر اک راہ گزر تیرے نگر میں

کر سکتے ہیں تنقید کسی عکس پہ کیسے؟
بے چہرہ ہیں خود آئینہ گر تیرے نگر میں

افسوس کہ دستور بنی دیدہ وروں کا
بے قدریٔ اربابِ ہنر تیرے نگر میں

جس پر بھی نظر جاتی ہے معلوم نہیں کیوں
آتا ہے پریشان سا نظر تیرے نگر میں

سُن لینا کوئی تازہ غزل تازہ ترانہ
واجد نظر آجائے اگر تیرے نگر میں

○

○

کچھ غیر مرتب سی ہے دھڑکن کئی دن سے
آیا نہیں ہاتھوں میں وہ دامن کئی دن سے

کانٹوں کی طرح کس نے مجھے گھیر لیا ہے
ہر سانس پہ محسوس ہو اُلجھن کئی دن سے

منھ پھیر کے گزرا تھا مری سمت سے کوئی
دل، دل نہیں، جیون نہیں جیون کئی دن سے

اللہ کسی اور مصیبت سے بچائے
مائل بہ کرم ہے مرا دشمن کئی دن سے

وعدہ ہی کیا ہے ابھی وہ آئے نہیں ہیں
خوشیوں سے بھرا لگتا ہے آنگن کئی دن سے

جھونکے کی طرح میں نے اُسے دیکھ لیا تھا
ناراض ہے وہ نکہت گلشن کئی دن سے

دم جس کی محبت کا بھرا کرتے تھے واجدؔ
اب تو ہے وہی جان کا دشمن کئی دن سے

○

○

سر اپنا اُٹھا کر سرِ مقتل بھی چلیں گے
خیراتِ دُعا، بھی کوئی دے گا تو نہ لیں گے

ہم لائے ہیں قدرت سے پتنگے کا مقدر
محفل میں چراغوں کی طرح ہم بھی جلیں گے

میخانے کی تہذیب کو کیا ہوگیا یارو
رِندوں میں شرابیں نہیں، پیمانے چلیں گے

حالات کی پت جھڑ سے ملاقات تو ہوگی
ہم پر بھی کبھی اہل چمن ہاتھ مَلیں گے

ہم بھی وہ مسافر ہیں جو منزل نہیں رکھتے
اے تیز ہَوا ہم بھی ترے ساتھ چلیں گے

سچائی کے بازار میں اب جھوٹ چلے گا
سِکّے یہی ٹکسال میں دُنیا کی ڈھلیں گے

ہر راستہ دشوار ہے ہر موڑ کٹھن ہے
واجد وہ کہاں تک مرے ہمراہ چلیں گے

○

○

آنچل پہ گریں اُس کے یہ کچھ کم تو نہیں ہے
آنسو ہیں مری آنکھ کے شبنم تو نہیں ہے

لہراتا ہے کیوں تیز ہواؤں میں ستمگر
یہ میرا گریبان ہے پرچم تو نہیں ہے

چل کر ترے دروازے پہ میں آتو گیا ہوں
لیکن مری گردن میں کوئی خم تو نہیں ہے

جس راہ سے جاتے ہیں محبت کے سفر پر
اُس راہ میں اک موڑ ہے سنگم تو نہیں ہے

قاتل سے تو اُمید نہیں چارہ گری کی
زخموں پہ لہو جم گیا مرہم تو نہیں ہے

میں ہوں مری پرچھائیں ہے یا چاپ ہے میری
تنہائی کا عالم کوئی عالم تو نہیں ہے

سوکھے ہوئے پتے ہیں بہاروں کے عزادار
گلشن بھی ترا کوفۂ ماتم تو نہیں ہے

ٹانکوں تری چادر پہ یہ آنسو بھی میں کیسے
سوئی میں رگیں ہیں مری، ریشم تو نہیں ہے

واجدؔ کو بھی تسلیم تو کرتا ہے زمانہ
ہر چند کہ یہ شاعر اعظم تو نہیں ہے

○

○

آشنا آشنا نہیں ہوتا
وقت پڑنے پہ کیا نہیں ہوتا

میں سفر کے لئے نکلتا ہوں
جب کوئی راستہ نہیں ہوتا

چند سانسوں کے شکر کرنے سے
قرضِ ہستی ادا نہیں ہوتا

میں بچھڑ کر بھی اُس ستمگر سے
ایک پل کو جدا نہیں ہوتا

دوستی گردشوں سے کر لی ہے
اب کوئی حادثہ نہیں ہوتا

وقت اُس کو خراب کرتا ہے
آدمی خود بُرا نہیں ہوتا

واجدؔ اپنی اَنا کو سمجھاؤ
حُسن ہی بے وفا نہیں ہوتا

○

○

آنکھ جب تیرے تصور پہ ٹھہر جاتی ہے
پردۂ ذہن پہ تصویر اُتر جاتی ہے

اِسطرح چلتی ہے پروائی ترے جلوؤں کی
ٹوٹ جاتا ہے بدن جان بکھر جاتی ہے

جب میسر ہو مجھے لمس ترے. ہاتھوں کا
ایک بجلی سی رگ و پے میں اُتر جاتی ہے

شبِ تاریک میں بھی آتا ہے جب تیرا خیال
چاندنی سی مرے آنگن میں بکھر جاتی ہے

کوئی اُمید نہیں آپ سے لیکن پھر بھی
جانے کیوں آپ کی جانب ہی نظر جاتی ہے

اِس قدر روشنیوں نے کئے احساں مجھ پر
میری پرچھائیں مجھے دیکھ کے ڈر جاتی ہے

منہ اٹھائے ہوئے مصروفِ سفر ہوں واجدؔ
جانے کس سمت مری راہ گزر جاتی ہے

O

○

ہاتھ آیا پرکھنے کا انداز
دوستو دشمنی کی عمر دراز

کی ہوا نے جو حوصلہ شکنی
بھڑک اُٹھا ہے شعلۂ پرواز

اتنے برسوں میں بھی سمجھ نہ سکے
زندگی اجنبی ہے یا ہم راز

اُلجھنوں سے مجھے نجات ملے
اپنے گیسو سنوار لے شہناز

شاخ پر جب کوئی کلی چٹکی
دل سے آئی شکست کی آواز

ہونٹ ہی مسکرانا بھول گئے
یا چمن کا بدل گیا انداز

اُن کی نظروں میں کیا گلاب کی قدر
جن کی نظروں میں ہے رُخِ شہناز

غمِ دُنیا سے رسم و راہ سہی
واجد اپنا کوئی تو ہے دمساز

○

○

بے وفاؤں سے بھی رشتہ ہے وفا کا جاناں
کبھی چاہت کا صلہ ہم نے نہ چاہا جاناں

ہو گئی شام، پرندے نہیں لوٹے لیکن
ہر شجر میری طرح رہ گیا تنہا جاناں

عہد رفتہ کے حوالے سے کُرید و نہ مجھے
دِل طلب گار ہے اپنا نئے غم کا جاناں

اپنی آنکھیں نظر آتی ہیں بہت آنکھوں میں
اُن سے ملتا ہوا چہرہ نہیں ملتا جاناں

کاٹ دی عمر اندھیروں کو پناہیں دیتے
اپنی جھولی میں بھی ایک آدھ سویرا جاناں

کتنا ہی بچ کے چلیں کتنا ہی محتاط رہیں
دینے والے ہمیں دے جاتے ہیں دھوکا جاناں

اب زمانہ مجھے بدنام کرے گا کیسے
میں سناتا ہی نہیں درد کا قصہ جاناں

بات بچوں کی طرح کرتا ہے واجدؔ سحری
لوگ کہتے ہیں کہ وہ ہو گیا بوڑھا جاناں

○

O

لگتا ہوں اپنے آپ کو بیگانہ آج بھی
برسوں کے آشنا کو نہ پہچانا آج بھی

ساقی پلا رہا ہے ہر اک شخص کو مگر
خالی ہے میرے ہاتھ میں پیمانہ آج بھی

کل بھی کسی کے سامنے یہ سر جھکا نہ تھا
دستِ سوال بن کے میں پھیلا نہ آج بھی

سورج کئی طلوع ہوئے انقلاب کے
چلتا ہے اپنے سائے میں دیوانہ آج بھی

جل کر بھی خاک ہوتی نہیں ہیں محبتیں
لَو، ہے چراغ کی دلِ پروانہ آج بھی

پہلے بھی کوئی خواہش دولت نہ تھی مجھے
اندازِ زندگی ہے فقیرانہ آج بھی

کس کی برہنگی کو چھپانے کے واسطے
لہرا رہا ہے دامن ویرانہ آج بھی

رکھے گا یاد مجھ کو مرے بعد بھی جہاں
ہر اک زباں پہ ہے مرا افسانہ آج بھی

واجدؔ، ہوائے کوچہ رفتہ سے کس قدر
آتی ہے بوئے گیسوئے جاناں نہ آج بھی

○

○

سکوں سے کون بھلا پیار کر کے رہتا ہے
لگے یہ چوٹ تو پتھر سے خون بہتا ہے

سُنے بغور چبھن کو، سماعتِ احساس
وہ بات گل نہیں کہتا جو خار کہتا ہے

بلا سے آئے جو الزام بے حسی آئے
گلوں سے مصلحت اندیش دور رہتا ہے

الگ الگ ہے روش خار وگل قریب سبھی
اثر دکھاتی ہے صحبت یہ کون کہتا ہے

مجھے بھی کچے گھڑے پر بٹھا دیا جائے
مری رگوں میں بھی دریائے عشق بہتا ہے

دکھائے تو کوئی قاتل کے سامنے جا کر
یہ میرا دل ہے جو ہنس ہنس کے وار سہتا ہے

جبھی تو جاگنا پڑتا ہے رات بھر مجھ کو
چراغ سا مرے سینے میں جلتا رہتا ہے

ذخیرہ آنسوؤں کا اُس میں کس قدر ہوگا
جو تیرے زہر بھرے قہقہوں کو سہتا ہے

ضرور اپنے زمانے کا ہے ولی، واجدؔ
جو اپنے جسم کو بھی اک فرار کہتا ہے

○

○

در و دیوار گیت گانے لگے
کس کی آمد کے خواب آنے لگے

شیشۂ دل جنہوں نے توڑ دیا
خود کو آئینہ گر بتانے لگے

اک عذاب اور سامنے آیا
بچے اب آئینہ دکھانے لگے

ارتھیاں دُلہنوں کی اُٹھنے لگیں
لوگ لاشوں کو اب سجانے لگے

کیا بتائیں ہم اپنا حسن نظر
ہم کو صحرا، نگار خانے لگے

جن کو شیشے کا گھر بنا کے دیا
ہم پہ پتھر وہی اُٹھانے لگے

جب سے خود کو چراغ ہم نے کہا
اہل محفل ہمیں جلانے لگے

خود کو پہچاننے میں اے واجدؔ
ہم کو صدیاں لگیں زمانے لگے

○

○

یہ سچ ہے کہ میں یارو ہر کرب چھپاتا ہوں
جب حال کوئی پوچھے کہہ دیتا ہوں اچھا ہوں

میں زد میں خوشامد کی اب تک نہیں آیا ہوں
گھاٹے میں سہی لیکن اک آن سے زندہ ہوں

پتھر کی طرح نظریں یوں مجھ پہ برستی ہیں
میں شیشہ دل اپنا شفاف جو رکھتا ہوں

توڑے ہیں کھلونے بھی پھاڑے ہیں رسالے بھی
اندازہ یہ خود کر لو بچہ ہوں کہ بوڑھا ہوں

الفاظ میں نرمی تھی آواز میں گرمی تھی
میں ایسے بزرگوں کی آغوش کا پالا ہوں

آئینے پہ اوروں کے رہتی تھیں مری نظریں
اپنے ہی گریباں کو اب دھیان میں رکھتا ہوں

جو بیچتے پھرتے ہیں ذہنوں کو ضمیروں کو
اُنسے میں الگ بھی ہوں اور اُن میں ہی رہتا ہوں

فصل غم ہستی کو سیراب تو ہونے دو
خود وقت بتائے گا چشمہ ہوں کہ دریا ہوں

کیا رائے ہے لوگوں کی واجدؔ مرے بارے میں
دل جن سے نہیں ملتا ہاتھ اُن سے ملاتا ہوں

○

پنکھڑی، گلاب ہوگئی
کمسنی، شباب ہوگئی

دیکھ بھی سکے نہ اُن کو ہم
آنکھ ہی نقاب ہوگئی

راز تھی کبھی جو زندگی
اب کھلی کتاب ہوگئی

کچھ بگڑ گئی ہیں صورتیں
کچھ نظر خراب ہو گئی

مجھ تک آ کے تلخیٔ حیات
قطرۂ شراب ہو گئی

زندگی سکوں کے شوق میں
وقف اضطراب ہوگئی

تتلیوں سے چھیڑ چھاڑ کی
عمر وہ تو خواب ہو گئی

سُرخرو ہوا مرا سوال
خامشی، جواب ہوگئی

آستیں میں سانپ پالنا
عادتِ جناب ہو گئی

نیند، لے گئیں بصارتیں
کھل کے آنکھ، خواب ہوگئی

خواہشیں ہیں واجدؔ اس قدر
زندگی عذاب ہوگئی

○

○

ڈوبا ہوا غیرت میں دل بھی ہے مقدر بھی
میں ذات میں ہوں اپنی دریا بھی سمندر بھی

ہونٹوں پہ تبسم بھی اور ہاتھ میں خنجر بھی
اوپر سے سپاہی بھی اندر سے قلندر بھی

شیشہ سا بدن اپنا کس کس سے بچاؤ گے
ہر شخص کے ہاتھوں میں ہیں پھول بھی پتھر بھی

وہ جب سے نہیں آیا میں ہوں نہ مرا سایا
خود کو بھی نہ پہچانوں گھر لگتا نہیں گھر بھی

نفرت کی نگاہوں سے دیکھو نہ اُسے لوگو
اپنوں کی طرح مجھ کو پیارا ہے ستمگر بھی

کب تک نہیں چٹخے گا یہ شیشہ دل میرا
بیدادِ مسلسل سے بچتے نہیں پتھر بھی

واجدؔ میں انہیں اِک دن کہہ تو دوں خدا حافظ
بن جائے اگر پتھر میرا دلِ مضطر بھی

○

○

یہ ذہن بنا کر ہم گھر سے ترے ملتے ہیں
سکے ہیں کھرے لیکن کھوٹے ہی سے لگتے ہیں

کچھ ضد سی ہے بچوں کو تتلی کی اُڑانوں سے
جب ہاتھ کوئی آئے پر نوچنے لگتے ہیں

گھولا ہے شرابوں میں مفلس کا لہو تم نے
جب جام اُٹھاتا ہوں یہ ہاتھ لرزتے ہیں

پتھر پہ اگر لکھیں تکمیل نہ ہو ضد کی
یوں نام مرا اکثر وہ برف پہ لکھتے ہیں

تم سیپیاں ساحل پر چنتے ہی رہے لیکن
ہاتھوں میں لئے موتی ہم ڈوب کے اُبھرے ہیں

جو ذوقِ سماعت پر اک بوجھ سا بن جائے
ہم ایسے ہی لہجوں کو اب ڈھونڈتے پھرتے ہیں

اے بادِ سحر گاہی یہ آنکھیں سوالی ہیں
نیندوں کو جو لاتے ہیں وہ کون سے جھونکے ہیں

لہجوں کی نہ زد میں تم آجاؤ کہیں دیکھو
قاتل ہو کہ منصف ہو سب ایک سے لہجے ہیں

احساس کی دولت کو سونپوں میں کسے واجدؔ
اس درد کے سینے تو چٹان کے سینے ہیں

○

○

دریا سا بدن اس کا دریا سے بھی گہرا ہے
گہرائی میں دریا کی سب کچھ مرا ڈوبا ہے

پہروں اُسے دیکھا ہے برسوں اُسے پرکھا ہے
اندر سے تو میلا ہے اُوپر سے وہ اُجلا ہے

آنکھوں کو بھی میں اپنی اپنا نہیں کہہ سکتا
بینائی کا پردہ بھی بینائی سے ملتا ہے

احسان تو کیا کرتا انصاف نہیں کرتا
اُس سے اُسے مانگا تھا مجھ سے مجھے چھینا ہے

کیسی ہے یہ دلداری یاری ہے کہ عیّاری
غیروں میں وہ اپنا ہے اپنوں میں پرایا ہے

پلکوں پہ لرزنے سے قیمت ہے کچھ آنسو کی
گِر جائے جو آنکھوں سے شبنم ہے نہ تارا ہے

اشکوں میں کہیں ڈھل کر بینائی نہ بہہ جائے
یادوں سے زیادہ اب یہ خوف رُلاتا ہے

کیا دیکھ کے بھی دنیا واجدؔ نے نہیں دیکھی
جنت کبھی کہتا ہے دوزخ کبھی کہتا ہے

○

○

جذبہ تعمیر ہو گیا ہے
سپنا، تعبیر ہو گیا ہے

سامنے آئینے کے آکر
چہرہ تصویر ہو گیا ہے

اُس کی خوشبو کدھر سے آئی
رستہ زنجیر ہو گیا ہے

میرے حق میں خلوص میرا
وجہ توقیر ہو گیا ہے

ہر نیا حادثہ جہاں میں
میری تقدیر ہو گیا ہے

مسئلہ زندگی کا یارو
کتنا گمبھیر ہو گیا ہے

قصۂ حسن و عشق واجدؔ
حسن تحریر ہو گیا ہے

○

○

بہت ہے تشنہ لبی ساغر تہی کی قسم
مری شراب ہے ساقی تری نگاہِ کرم

ترا سفر بھی ہے شامل مری عبادت میں
سجا رہا ہے ہوں جبیں پر ترے نشانِ قدم

تمہارے بعد وہی تتلیاں وہی ہیں پھول
مگر اداس گلستاں ہے بے کلی کی قسم

چمن بھی اپنا ہے پھول اپنے باغباں اپنا
ترس رہے ہیں مگر عشرتِ بہار کو ہم

سکھائی تھی جسے ہم نے ادائے تیغ زنی
ہمارا سَر وہی کرنے چلا ہے آج قلم

سُنا ہے دوست ہنسے ہی نہیں ہیں مدت سے
یہ کہہ دے کوئی کہ ہوں مبتلائے رنج و الم

سدا سجائیں وہ جوڑا گلاب سے یوں بھی
کروں گا نذرِ چمن خونِ دل خدا کی قسم

وہ ایک اشک بھی مجھ کو نہ دے سکا واجدؔ
میں خونِ دل سے کروں، اس کے واقعات رقم

○

○

محروم بصارت ہوں یا آئینے دھندلے ہیں
باتیں بھی کریں جھوٹی سچے بھی وہ لگتے ہیں

کس طرح اُنہیں سوچوں کس رُخ سے اُنہیں پرکھوں
رُخ اُن کے بھی دو دو ہیں انساں نہیں سکّے ہیں

دُشمن ہے ہوا کتنی لے اُڑتی ہے تحریریں
ہم برف کے ٹکڑوں پہ جب بھی تمہیں لکھتے ہیں

شیشہ ہیں نِقابیں بھی کشکول ہیں آنکھیں بھی
غیرت سہی نام ان کا وہ ذات کے منگتے ہیں

حق کس نے دیا اُن کو انگشت نُمائی کا
سایہ بھی جو اوروں کا اوڑھے ہوئے پھرتے ہیں

اے بادِ سحر گاہی اتنا تو بتا جانا
نیندوں کو جو لاتے ہیں وہ کونسے جھونکے ہیں

اپنی ہی مُروّت نے صدمے مجھے پہنچائے
کیوں شہر کے باشندے ظالم تمہیں کہتے ہیں

ٹھہرے ہوئے پانی میں پھینکا ہوا پتھر ہوں
پھیلاؤ ہے سب میرا سب دائرے اپنے ہیں

ان لفظ طرازوں سے، کیا بات کروں واجد
ٹوٹے ہوئے لہجے ہیں سوکھے ہوئے فقرے ہیں

○

پتھر سے بدن کو بھی شیشہ سی قبا دی ہے
کردار کے لہجے میں ذات اپنی بتا دی ہے

آراستہ دیواریں پیراستہ دروازے
دیمک نے مرے گھر کی تقدیر جگا دی ہے

اِن پاؤں کے چھالوں نے تپتے ہوئے صحرا میں
یہ پھول کھلائے ہیں یا آگ لگا دی ہے

میں اِن کو کھلونے بھی لا کر نہیں دے سکتا
بچوں نے مجھے میری اوقات بتا دی ہے

اپنا ہی جنازہ ہے ہر شخص کے کاندھوں پر
اس دھوم سے غم نکلے لگتا ہے کہ شادی ہے

ہم کرب کے ماروں کو بے آسرا مت سمجھو
یہ اشک بھی پتھر ہیں یہ چُپ بھی منادی ہے

انجام شرارت کا تم کو ہی بھگتنا ہے
زخموں کو نہیں چھیڑا شعلوں کو ہوا دی ہے

تہذیب بزرگوں نے بخشی تھی وراثت میں
بچوں نے مگر واجد توقیر گھٹا دی ہے

○

آنکھ سے دور ہوں دل سے کوئی دوری تو نہیں
وہ مجھے بھول گئے ہوں یہ ضروری تو نہیں

جم گئیں میری نگاہیں بھی اچانک اُس پر
اُس کا اُسلوبِ محبت بھی شعوری تو نہیں

آنسوؤں سے بھی نکھر جاتے ہیں احساس کے پھول
غم ہی غم حاصل غم ہو یہ ضروری تو نہیں

نا مکمل اگر کچھ ہے تو سماعت میری
آپ کی بات مکمل ہے ادھوری تو نہیں

جسم مر جاتا ہے انسان کا کردار کہاں
موت ہر حال میں ہو موت، ضروری تو نہیں

درد اپنا مجھے کیا سوچ کے تم نے بخشا
مستقل میں جسے سمجھا ہوں عبوری تو نہیں

آیا کرتے ہیں خیالوں میں وہ میرے اکثر
بے حضوری کا تخلص ہی حضوری تو نہیں

ڈھونڈھتا پھرتا ہوں پرچھائیاں اُس کی واجدؔ
پیکرِ خاک کہیں پیکرِ نوری تو نہیں

O

○

جس طرف لیکے ہوا جاتی ہے چل دیتے ہیں
پھول چُن لیتے ہیں کانٹوں کو مسل دیتے ہیں

خیر خواہی کے طلب گار نہیں، ہم لوگو
کوئی مشکل ہو تو حالات کا حل دیتے ہیں

ظالموں کو بھی سکھاتے ہیں محبت کرنی
دِل کو، احساس کو، ذہنوں کو بدل دیتے ہیں

خاک صحرا کی نہیں عقل اُڑایا کرتی
دعوتِ فکر و نظر دشت و جبل دیتے ہیں

کفِ افسوس تو آتا نہیں ملنا ہم کو
اپنے ہی دل کا لہو ہاتھ پہ مل دیتے ہیں

چاہنے والوں پہ ہرگز نہ بھروسہ کرنا
زندگی مانگنے والوں کو اجل دیتے ہیں

شاعروں کو کوئی عنوان غزل دے واجدؔ
ہم غزل کہہ کے بھی پیغامِ عمل دیتے ہیں

○

○

کاندھوں پہ فقیروں کو بٹھا کیوں نہیں لیتے
خیرات بھی رشوت ہے دُعا کیوں نہیں لیتے

زنجیر میں جکڑے ہوئے ہم لوگ ہیں پھر بھی
آنکھوں کی طرح ہاتھ مِلا کیوں نہیں لیتے

یہ ریت نہیں بکھرا ہوا پیار ہے میرا
یہ کیسا تکلف ہے اُٹھا کیوں نہیں لیتے

عیبوں پہ ہمارے تو نظر رکھتے ہیں لیکن
آئینہ کوئی تم بھی اُٹھا کیوں نہیں لیتے

پھولوں سے بھی کچھ کم نہیں ٹکڑے مرے دل کے
چُن کر اِنہیں گلدستہ بنا کیوں نہیں لیتے

چھپ چھپ کے محبت کی نظر ڈالنے والو
واجد کو بھی سینے سے لگا کیوں نہیں لیتے

O

○

قدم سے خاک بھی اُڑی تو چاندنی چھٹک گئی
جدھر سے وہ گزر گئے وہ رہگزر مہک گئی

ہوائے غم نے برگِ خشک کی طرح ہلا دیا
چراغ کی طرح یہ زندگی بھڑک بھڑک گئی

ترا خیال راہ میں چراغ لے کر آ گیا
اُٹھا کچھ ایسا دل میں درد زندگی چمک گئی

اُس ایک بوند میں خزانۂ قرار تھا مرا
وہ ایک بوند خود بخود جو آنکھ سے چھلک گئی

دلوں میں جب جُدائی تھی تو کوئی جانتا نہ تھا
زبان پر جب آئی تھی تو بات دور تک گئی

جمالِ دلفریب سے ہٹی تھی اک ذرا نظر
وہ ہنس کے پوچھنے لگے نگاہِ شوق تھک گئی؟

تعلقات کیا نہیں ہُوا سے واجدؔ آپ کے
چلی جو ساتھ آپ کے تو راستہ بھٹک گئی

○

کیونکر ہمارے ساتھ نہ پرچھائیں بھی چلے
جاتے ہیں اُس طرف کو جدھر روشنی چلے

خائف نہ کر سکیں گی یہ طُغیانیاں ہمیں
اپنے تو آنسوؤں میں بھی اک ناؤ سی چلے

سینے میں ہے ہمارے مگر دِل، ہے آپ کا
کس کی وہاں چلے گی جہاں آپ کی چلے

رفتار بھی کسی کی ہے ٹھہراؤ کی طرح
اور راستے میں بیٹھا ہوا بھی کوئی چلے

بادِ صبا کے ساتھ وہ چلتا ہے اِس طرح
تاروں پہ جس طرح کوئی دُھن جھومتی چلے

واجد کی طرح سے تو شریک جہاں رہیں
چلتا نہیں ہے سانس تو پھر نام ہی چلے

○

دھوپ ہو نکلی ہوئی اور سائباں کوئی نہ ہو
زندگی کس کام کی، گر امتحاں کوئی نہ ہو

گلستاں والے بھی اس خواہش میں ہیں جکڑے ہوئے
پھول ہوں شاخوں پہ، بھنورے تتلیاں کوئی نہ ہو

اب فضائیں بھی ہمیں اتنا کشادہ چاہئیں
پاؤں ہوں دھرتی پہ، سر پر آسماں کوئی نہ ہو

ہر کوئی یہ چاہتا ہے دوسرے انسان سے
چہرے پر آنکھیں تو ہوں منہ میں زباں کوئی نہ ہو

ہجر کا دُکھ بھی تو واجؔد طرّۂ احساس ہے
کیسے ممکن ہے کہ جاں ہو، جانِ جاں کوئی نہ ہو

○

○

کلیوں کو مَسل ڈالا، خوشبو کہاں روندی ہے
کردار میں کب اپنے گلچیں نے کمی کی ہے

رُخصت کروں سانسوں کو چنگاریاں دے دے کر
ملتی ہے بہت ٹھنڈک جب روح سُلگتی ہے

لفظوں کے بھی لگتا ہے اب ڈنک نکل آئے
اخبار کی ہر سُرخی بینائی میں چبھتی ہے

پاکیزہ صداؤں میں کھویا ہوا رہتا ہوں
حجرے میں دُعاؤں کے مسجد سی بنا لی ہے

احسان کے پھولوں کا گلدستہ نہ دو مجھ کو
کانٹے کی طرح خوشبو احساس میں چبھتی ہے

برفیلی ہوا میں بھی ہوں غرق پسینے میں
آنسو ہیں یہ آنکھوں میں یا آگ بھڑکتی ہے

الفاظ خوشامد کے ہونٹوں پہ نہیں لاتا
دیکھو تو یہ گھاٹا ہے سوچو تو کمائی ہے

واجؔد اسے بونوں میں عزت تو ہوئی حاصل
قد چھوٹا سہی اُس کا دستار تو اُونچی ہے

○

○

نہیں دیوار تو کیوں صورتِ دیوار بیٹھے ہیں
اگر سایہ ہیں تو ہم دھوپ میں بیکار بیٹھے ہیں

لگا دیتا ہے آسانی سے قیمت ہر کوئی اپنی
ترازوؤں میں جیسے ہم سرِ بازار بیٹھے ہیں

کسی شوق نمائش کا تکلف۔ وہ نہیں کرتے
جنہوں نے ہم کو پتھر مارنے تھے مار بیٹھے ہیں

لگا سکتے نہیں طوفاں کی نیت کا اندازہ
اُتر کر کشتیوں سے جو سمندر پار بیٹھے ہیں

خود اپنے آپ سے بھی کیا، حیا اُن کو نہیں آتی
جو داغوں سے مرصّع صاحبِ کردار بیٹھے ہیں

دعائیں جیت کی تم دینے والے کون ہوتے ہو
محبت کی جو بازی ہارنی تھی ہار بیٹھے ہیں

چلے جائیں گے موت آئیگی اکدن جب ہمیں لینے
نہ رستہ اِتنا آساں ہے نہ ہم تیّار بیٹھے ہیں

O

○

تصور تو نے کیا بخشا نہیں ہے
یہ دل خلوت میں بھی تنہا نہیں ہے

میں آنکھیں تک اُنہیں کو سونپ آیا
کہیں کوئی مرا جلوہ نہیں ہے

چمکتے ہیں فلک پر یوں تو کتنے
مقدر کا کوئی تارا نہیں ہے

میں اپنی ذات میں بھی کیسے اُتروں
یہ دریا ہے مگر گہرا نہیں ہے

ابھی کچھ اور پتھر مجھ کو مارو
یہ دِل پوری طرح ٹوٹا نہیں ہے

یہ کیسی اُڑ رہی ہے خاک ان میں
یہ آنکھیں ہیں مری صحرا نہیں ہے

حوادثِ زندگی کا ساتھ دیں گے
یہ واجد عارضی رونا نہیں ہے

○

○

سامنے سے مرے کترا کے گئے ہیں ایسے
میں نے دیکھا نہیں جاتے ہوئے اُنکو جیسے

مشورے دیتے رہے جو مجھے مخلص کی طرح
کیا کہوں اُن سے بھی کھاتا رہا دھوکے کیسے

سَر سے پیروں تلک اک آکۂ موسیقی ہیں
واقفیت نہیں کوئی جنہیں سُر سے لَے سے

بیچ دو سارا جہاں بھی تو نہیں بھر سکتا
میرے کشکول میں آسکتے ہیں اتنے پیسے

اپنے قاتل بھی حقیقت میں وہی ہوتے ہیں
کام لیتے ہیں لہو کا جو شرابی مئے سے

ایک مدّت میں پرکھنے کا ہُنر آتا ہے
بے وفا کہہ دوں اُسے پہلی نظر میں کیسے

قیمتی لعل بھی گدڑی میں ہوا کرتے ہیں
ایسوں ویسوں کو سمجھنا نہیں ایسے ویسے

کھُلے ماحول میں جو مجھ کو لئے پھرتے ہیں
اُنکو واجد میں گھٹن دل کی دکھاؤں کیسے

○

○

اجنبی سارا جہاں لگنے لگا ہے جب سے
روٹھی روٹھی ہے ہر اک شے وہ خفا ہے جب سے

در و دیوار بناتے ہیں تماشہ میرا
میری تنہائیوں میں حشر بپا ہے جب سے

روندتی رہتی ہیں قدموں میں ہوائیں مجھ کو
ٹوٹ کر شاخ سے اک پھول گرا ہے جب سے

دوسرا تاج محل کہنا پڑا ہے دل کو
عشق کو اپنے یہاں دفن کیا ہے جب سے

موڑ پر اُس کی محبت کے کھڑا رہتا ہوں
اور پاس آگیا، وہ دور ہوا ہے جب سے

دیکھتا بھی ہوں جو کلیوں کو تو ڈر جاتا ہوں
میں نے انجام چٹکنے کا سنا ہے جب سے

میں گئے وقت کو روتا ہی رہا ہوں واجدؔ
لوٹ کر وہ بھی نہیں آیا، گیا ہے جب سے

O

پیار کے بندھن، رشتے دیکھو
ہاتھ میں کچّے دھاگے دیکھو

دِن یہ کیسے آ گئے دیکھو
ہنستے ہیں مجھ پر بچّے دیکھو

کیسی ہے اُس جسم کی کشتی
دریا کو ساحل سے دیکھو

اُنگلیاں چھوتے ہی جل جائیں
پھول کے اندر شعلے دیکھو

دیکھنا چاہو غم جو میرا
اُن کو مجھ پر ہنستے دیکھو

آئینے میں کیا رکھا ہے
رنگ برنگے چہرے دیکھو

ٹوٹ کے بکھرے کرچی کرچی
کس نے کہا تھا سپنے دیکھو

حوصلہ چاہو کھیلو بھنور سے
پھیر لو مُنہ ساحل سے دیکھو

سر پہ بہت مغرور چڑھے تھے
سب کی نظر سے گر گئے دیکھو

شاد اگر تم رہنا چاہو
واجد صرف تماشے دیکھو

○

زُلفوں کی طرح اپنی اُسے کاش سنوارو تم
اُلجھے رہیں کب تک ہم، اتنا بھی تو سوچو تم

نیت نہ رکھو گدلی، تم بھی تو ہو اک بدلی
ہم بھی ہیں بہت پیاسے ہم پر بھی تو برسو تم

سینچیں گے یہ پودا بھی سستا ہے یہ سودا بھی
سو بار صدا ہم دیں اک بار پکارو تم

آنکھیں بھی بچھا دوں گا یہ دل بھی لٹا دوں گا
آہٹ کی طرح میرے دروازے پہ آؤ تم

کلیوں کے چٹکنے کی، آواز سنیں ہم بھی
دھیرے سے سہی لیکن بولو ذرا بولو تم

راس آئیں نہیں آئیں، ہیں پھول تمنائیں
پھولوں کو نہ مسلو تم خوشبو کو نہ روندو تم

آساں نہیں چہرے کا پڑھنا بھی سمجھنا بھی
دیکھو مرے چہرے کو اور غور سے دیکھو تم

کیا جانے کہاں واجدؔ کھویا ہوا رہتا ہے
مل جائے تمہیں شاید اس کو کہیں ڈھونڈو تم

O

صبر کے شعلوں کو کچھ اور دبا رہنے دو
وقت کہتا ہے کہ ہونٹوں کو سِلا رہنے دو

عظمتِ ضبط کی توہین نہ ہونے پائے
غیرت صبر کو سینے میں دبا رہنے دو

روح کو اپنی برہنہ نہیں ہونے دینا
اپنے جسموں پہ یہ ملبوس نیا رہنے دو

ہاتھ رکھنا نہ سکھاؤ کسی بیساکھی پر
زیست کو اپنی ہی ٹانگوں پر کھڑا رہنے دو

میرے بازو بھی کسی موج سے کمتر تو نہیں
میری کشتی کو تلاطم میں گھرا رہنے دو

سُرخ روئی بھی تو انجام بہاراں دیکھے
زرد پتّوں کو نہ شاخوں سے جُدا رہنے دو

تلخیاں بھی مجھے خوشبو کی طرح پیاری ہیں
گھر مرا نیم کے پیڑوں سے سجا رہنے دو

دوستی، پیار، محبت، سے نہیں باز آنا
تم سے گر کوئی خفا ہے تو خفا رہنے دو

کب پلٹ آئے کوئی دھیان یہ رکھنا واجدؔ
دل کا دروازہ کھلا ہے تو کھلا رہنے دو

○